경찰과 유머

이철호 엮음

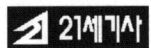

경찰과 유머

1판 1쇄 발행 2018년 11월 20일
1판 2쇄 발행 2021년 11월 10일
엮 은 이 이철호
발 행 인 이범만
발 행 처 **21세기사** (제406-00015호)
경기도 파주시 산남로 72-16 (10882)
Tel. 031-942-7861   Fax. 031-942-7864
E-mail : 21cbook@naver.com
Home-page : www.21cbook.co.kr
ISBN 978-89-8468-817-9

이 책의 일부 혹은 전체 내용을 무단 복사, 복제, 전재하는 것은 저작권법에 저촉됩니다. 저작권법 제136조(권리의침해죄)1항에 따라 침해한 자는 5년 이하의 징역 또는 5천만 원 이하의 벌금에 처하거나 이를 병과(倂科)할 수 있습니다. 파본이나 잘못된 책은 교환해 드립니다.

머 리 말

　유머(humor)는 남을 웃게 해주는 말이나 행동을 뜻한다. 익살, 농담, 해학이라고도 할 수 있다. 일상생활에서 때와 장소에 따라 적절히 유머를 구사하면 그 유머는 마음의 비타민, 삶의 활력소(活力素) 역할을 한다.
　필자는 민속학이나 문학을 하는 사람이 아니다. 그럼에도 불구하고 유머에 관심을 가지고 유머를 모았는가?
　대학의 경찰행정학과에서 강의를 하고, 전임교수로 재직하면서 학생들에게 경찰이나 경찰활동, 법에 관심을 가지게 할 수 있는 방법이 없을까 생각해 본 것이 '유머'이다.
　유머란 시대상(時代相)을 반영하는 것이기에 경찰에 관련된 유머는 필시 그 당시 경찰의 활동, 경찰 이미지가 투영된 산물이다. 유머를 통해서 학생들이 경찰을 이해할 수 있는 것도 하나의 방법이라고 생각하게 되어 유머를 모으게 되었다.
　10여 년 이상 모으고 틈틈이 메모했더니, 책으로 엮을 정도의 분량이 되었다. 이러한 작업이 경찰행정학과에서 공부하고, 경찰에 입직하기 위해 꿈을 키우는 젊은이들에게 조금이라도 도움이 된다면 더없는 영광이겠다. 특히 저학년 학생들에게는 전공에 대한 학구열을 자극하고, 고학년 학생들에게는 경찰 입직을 위해 열심히 공부하다가 머리를 식히는 청량제 역할을 할 수 있다면 좋겠다.
　1편에서는 경찰과 법에 관련한 유머를, 2편에서는 정치와 유머를 묶었다. 정치는 우리 일상생활과 불가분의 관계에 있다. 경찰학도들이 '헌법' 등의 교과목을 수강하며 우리 정치문화를 이해하고 정치문제를 생각해보도록 하기 위해 수록하였다.

 경찰과 유머

　아무튼 필자는 유머를 통하여 경찰행정학 전공에 관심을 가지게 하는 '공부방법론'을 시도하고 있다. 연상학습법의 한 가지라고 해두기로 하자. 이러한 시도가 대학 강의실에서 꿈을 실현하고자 애쓰는 학생들에게 도움이 된다면 더 없는 보람이겠다.

　수익성이 없는 책자임에도 저자의 출판요구에 흔쾌히 승낙을 해주시는 〈도서출판 21세기사〉 이범만 사장님께 감사드린다.

우거(寓居) 문향재(文香齋)에서
이철호 합장(合掌)

 경찰과 유머

〈목차〉

여는 글 / 014
제1편 경찰과 유머
1. 이것이 한국경찰 / 020
2. 퇴직경찰관 / 022
3. 거짓말탐지기 1 / 023
4. 용한 거짓말탐지기 / 024
5. 거짓말 탐지기 2 / 025
6. 교통에 대한 미국, 일본, 한국의 비교 / 026
7. 어떤 배신 / 027
8. 음주운전 단속 피하는 방법 / 028
9. 오늘의 미끼 / 030
10. 음주운전 / 031
11. 교통 위반 / 032
12. 이해가 안되는 것들… / 033
13. 경찰이 정년퇴직할 때까지 월급 받기 위한 복무지침 / 034
14. 형사의 프러포즈 / 036
15. 경찰관의 이별 방식 / 036
16. 절도범 / 037
17. 어느 좀도둑의 기도 / 038
18. 도망갈 구멍 / 039
19. 프로는 달라 / 039
20. 범인은 누구? / 040
21. 훔치다의 미래형 / 041
22. 정말! 왜 찾아? / 042
23. 잔돈 준비는 알아서 합니다. / 043

 경찰과 유머

24. 대학교수의 반응 / 044
25. 코끼리를 냉장고에 넣는 방법 / 044
26. 수박장수 / 045
27. 오해 / 047
28. 설마와 혹시 / 048
29. 수상한 이웃 / 049
30. 가짜 의사 판별법 / 050
31. 코리아타운의 미국 경찰 / 051
32. 난… 비밀경찰 / 052
33. 교통단속과 공평성 / 053
34. 갓길의 유래 / 054
35. 가출신고 / 055
36. 애견가의 아내 / 056
37. 면접 / 057
38. 낼래? 이거 받을래? / 058
39. 사실주의 / 059
40. 술만 취하면 / 060
41. 웃기는 집안 / 061
42. 지갑 찾기 / 062
43. 바보 같은 소리 / 063
44. 과속 / 064
45. 참기름 장수가 고소당한 이유 / 065
46. 라면과 참기름 / 066
47. 형사와 도둑의 대화 / 067
48. 경찰과 도둑의 대화 / 069
49. 판사와 도둑 / 070
50. 도둑이 싫어하는 과자 / 070
51. 예의 바른 도둑 / 071
52. 멍청한 아내 / 072
53. 남편의 뒷조사 / 073

54. 도둑과 골프 / 074
55. 세상에서 제일 무서운 새는? / 074
56. 경찰과 도둑 / 075
57. 당신을 체포합니다. / 076
58. 그들만의 공통점 / 078
59. 제비족의 실수 / 079
60. 어느 이발소에 경찰이 이발을 하러왔다 / 080
61. 엄청 바쁘게 생겼다 / 081
62. 혼전 성관계란? / 082
63. 이제 안심 / 083
64. 어떤 부부싸움 / 084
65. 과속의 이유 / 085
66. 어느 운전자의 이야기 / 086
67. 교통위반 딱지 100% 받는 언행들 / 087
68. 규격 미달 / 089
69. 사형수의 소원 / 090
70. 공짜로 밥 먹는 방법 / 091
71. 공평한 변호사 다람쥐? / 092
72. 노름 좋아하는 여자 / 093
73. 화려한 기록 / 094
74. 현장 검증 / 095
75. 강간사건 현장 / 096
76. 현장보존 / 097
77. 할머니와 경찰관 / 098
78. 교사 vs 판사 / 099
79. 도둑이 제일 무서워하는 것은? / 100
80. 직업별 싫은 사람 / 101
81. 모텔서 만난 부부 / 102
82. 순발력 / 102
83. 현상 수배범 / 103

경찰과 유머

84. 조폭과 아줌마의 공통점 / 103
85. 조폭과 신부의 공통점 / 104
86. 억울합니다! / 104
87. 경찰 / 105
88. 못생긴 죄 / 106
89. 공짜가 어딨어! / 107
90. 남자 따라 달라요 / 108
91. 어느 도둑의 변명 / 109
92. 어느 경찰이 뽑은 황당 사건 5 (1) / 110
93. 경찰과 신문기자 / 111
94. 나도 처음이야 / 112
95. 어느 노부부 / 113
96. 부부가 지켜야 할 교통법규 / 114
97. 대리 운전자의 성 / 116
98. 뒤집힌 강간죄 / 117
99. 사기의 본질 / 119
100. 무당벌레의 사기 행각 / 119
101. 아버지의 이중성 / 120
102. 인질범 / 121
103. 인질범과 며느리 / 122
104. 며느리 겁주는 법 / 123
105. 남편의 걱정 / 125
106. 너무 가난해서… / 126
107. 강도의 어리석음 / 127
108. 절대로 이길 수 없는 마누라 / 128
109. 두들겨 패서는 안되겠어 / 129
110. 개 이야기 / 130
111. 어떤 경찰이 뽑은 황당 사건 5 (2) / 131
112. 잔혹한 아내 / 133
113. 어머니의 유머 / 133

114. 도둑의 변명 / 134
115. 도둑이야기 / 134
116. 웃고 죽은 이유 / 135
117. 거래은행 / 136
118. 진짜 중요한 사람 / 137
119. 맹구야 너 왜 그러니? / 138
120. 상담료 / 139
121. 명변호사란 / 141
121. 돈 갚을 타이밍 / 141
122. 범인의 특징은? / 142
123. 과태료 / 144
124. 50:50 / 145
125. 경찰관과 아내 / 146
126. 입석과 좌석의 차이 / 147
127. 고성방가 / 148
128. 불쌍할 때 / 149
129. 진짜 지옥 / 150
130. 이런 전화 하지마세요 / 151
131. 영화 등급매기기 / 153
132. 학교폭력과 왕따 / 154
133. 한국에 테러가 일어나지 않는 이유 / 155
134. 현명한 알바 / 156
135. 밥줄 / 157
136. 원인 / 158
137. 경찰견 / 159
138. 모범 운전자 / 160
139. 도둑과 환자: 당신이 무슨 수로 / 161
140. 이들의 직업은? / 162
141. 고소할 테면 해보라구 / 163

경찰과 유머

제2편 정치와 유머

1. 정치인이란 / 169
2. 배고픈 직업 / 169
3. 국회의원의 눈엔 국민이 보인다? / 170
4. 공짜 이발 / 171
5. 정치인과 기저귀 / 172
6. 내일은 공짜 / 173
7. 날로 먹는 회 / 174
8. 불량식품 / 175
9. 한강변 모기 / 175
10. 여의도 모기 / 176
11. 출소 후 / 176
12. 정치인 구인광고 / 177
13. 환영 안 하는 이유 / 179
14. 조선시대 왕비들 / 180
15. 정치인 / 181
16. 공약은 만들면 된다 / 182
17. 공약 이행 / 183
18. 선거공약 / 184
19. 정치인 등급 / 185
20. 정치인과 농부 / 187
21. 거짓말 / 188
22. 정치인의 거짓말 / 188
23. 기업인과 정치인의 차이 / 189
24. 술 취하지 않은 취객 / 190
25. 선거구호 / 190
26. 묘비명 / 191
27. 정치인의 세탁 / 191
28. 남편과 대통령의 공통점 / 192
29. 청와대 비아그라 구입 공식 해명 / 192

30. 정치인의 계획 / 193
31. 아내와 선거 / 194
32. 정치인과의 전화통화 / 195
33. 정치사건 / 196
34. 최신형 정치인 팝니다 / 197
35. 여야 정쟁(政爭)의 5가지 이유 / 198
36. 최고의 정치인 / 199
37. 훌륭한 정치인의 조건 / 199
38. 정치인들에게 배울 점 / 200
39. 정치인의 아들 / 201
40. 식인종 식당 / 202
41. 값이 비싼 이유 / 203
42. 흠 있는 유일한 곳 (1) / 204
43. 흠 있는 유일한 곳 (2) / 205
44. 뇌물 먹은 정치인 / 206
45. 국회의원의 선행 / 207
46. 선거철이면 나타나는 현상 / 208
47. 선거 전과 선거 후의 정치인 / 209
48. 선거 전과 선거 후 / 210
49. 선거철 / 211
50. 장밋빛 미래 / 212
51. 국회의원의 성적표 / 213
52. 부류별 겁주기 대사 / 214
53. 정치인이 되기 위한 실전훈련 / 215
54. 국회의원과 코털의 공통점 / 217
55. 정치인과 바퀴벌레의 공통점 / 217
56. 정치인과 두꺼비의 공통점 / 218
57. 정치인과 ×개의 공통점 / 218
58. 정치인과 청개구리의 공통점 / 219
59. 정치인과 무좀의 공통점 / 219

경찰과 유머

60. 정치인과 개의 공통점은? / 220
61. 담배와 정치의 공통점 / 221
62. 정치인과 개의 공통점! / 221
63. 국회의원과 파리의 공통점 / 222
64. 골프와 정치의 공통점 / 223
65. 매표 의혹 / 224
66. 국회의사당 / 225
67. 정치 입문 전 알아야 할 10가지 / 226
68. 작은 정치 / 227
69. 정치인 같은 개 / 228
70. 오늘의 난센스 퀴즈 (1) / 229
71. 오늘의 난센스 퀴즈 (2) / 229
72. 한국인의 성장 과정 - 정치인에 관해서 / 230
73. 멋진 반격 / 231
74. 장관과 국회의원 / 232
75. 정치인의 개 / 233
76. 정치인과 개 이야기 / 234
77. 선거 이후 / 235
78. 국회의원을 일반인과 구별하는 법 / 235
79. 출마의 변 / 236
80. 마누라와 국회의원 / 236
81. 국회의원과 마누라의 공통점 (1) / 237
82. 국회의원과 마누라의 공통점 (2) / 237
83. 대학수학능력시험 / 238
84. 우리나라 5대 거짓말 / 239
85. 가련한 인생 / 239
86. 분배 방식 / 240
87. 총선에서 낙선한 어느 국회의원 후보 / 241
88. 정치인과 어린아이의 공통점 / 242
89. 국회의원과 예비군의 공통점 / 242

90. 정치인 장례식 / 243
91. 정치꾼의 법칙 / 244
92. 국회의원의 초상화 / 245
93. 존재하지 않는 국회의원 / 246
94. 국회의원 특권 / 247
95. 대통령의 오른팔 / 248
96. 처칠과 유머 / 249
97. 뇌물은 안돼 / 250
98. 대통령 고스톱 / 251
99. 한국인의 성장과정 / 252
100. 아빠가 보는 정치가의 자질 / 253
101. 좋아하는 단어 / 253

〈여는 글〉

사장이 직원들과 식사하는 자리에서 자기가 들은 유머를 얘기했다. 그러자 한 여직원만 빼고 모두가 재미있다며 크게 웃었다.
여직원의 태도에 기분이 상한 사장은 그 여직원에게 물었다.
"자넨 유머 감각도 없나?"
그러자 여직원이 하는 말.
"전 안 웃어도 돼요. 이번 금요일에 회사 그만두거든요."

사장님과 직원은 갑을(甲乙)관계이다 보니 사장님의 재미없는 썰렁한 유머이지만, 웃을 수밖에 없는 직원들의 서글픈 현실을 반영한 유머이다. 이 유머만큼 갑을관계를 명쾌하게 표현하고 대변해 주는 것이 어디 있으랴. 유머란 이런 것이다. 이처럼 시대상(時代相, the phases of the times)을 반영하는 것이다.
우리 사회에는 갑을관계의 서글픈 현실이 너무나도 많다. 하고 싶은 말이 있어도 요구사항이 있어도 을(乙)이다 보니 울며 겨자 먹기로 참고 감내해야 한다. 갑을관계의 접대골프에서는 눈치껏 요령 있게 상대방이 기분상하지 않게 져주어야 한다. 이것이 갑을관계이다.

믿거나 말거나 백퍼센트 정확하다고 할 수 없지만, 세계인의 유머 감각을 보면, 프랑스인들은 유머를 다 듣기 전에 웃어버린단다. 영국인들은 유머를 끝까지 다 듣고 웃는다고 한다. 미국인들은 유머를 다 듣고도 웃지 않는단다. 독일인들은 유머를 듣고 다음날 아침에 웃는다고 한다. 우리 이웃나라의 일본인들은 유머를 잘 듣고 그대로 모방한다고 한다. 중국인들은 유머를 다 듣고

경찰과 유머

도 못들은 척 한다고 한다. 그럼, 우리 한국 사람은 어떤가? 한국인들은 '유머 내용도 모르고 남 따라 웃는다'고 회자(膾炙)된다. 유머에 대하여도 각 나라 사람들의 반응은 각양각색이다.

아무리 좋은 노래도 많이 듣다보면 싫증나는 것이 당연하다. 마찬가지로 아무리 명강의(名講義)이고 유익한 내용이라 할지라도 분위기에 따라 또는 사람에 따라 그 효용성이 떨어지기 마련이다.

강의 중에 학생들의 반응에 따라 분위기 전환을 위해 유머를 사용하곤 한다. 썰렁한 유머이지만 분위기 전환은 확실한 것 같다.

유머는 시대적 산물이다. 동시대를 살아가는 사람들이 공통으로 가지는 관심사나 회자(膾炙)되는 문제를 머리가 좋고 재치가 있는 사람들이 잘도 만들어 낸다. 그러한 유머를 읽으면서 무릎을 치기도 하고, 빙그레 염화시중(拈華示衆)의 미소를 지으며 공감대를 느낀다. 어쩌면 유머는 잘 써진 한편의 글보다 의미전달이 더 잘되는 좋은 의사소통 수단이라고 본다.

풍자나 유머는 현실 비판에서 생긴다. 영국의 소설이나 수필이 격조 높은 풍자와 유머를 담고 있는 것도 실증주의 철학의 반영 때문이다. 임어당(林語堂)은 "유머는 지성이 발달했을 때 생긴다."고 말했다. 한국에서 풍자소설이 나온 것은 영·정조 시대에 중국 청나라의 영향으로 비로소 실학(實學)이 머리를 들고 일어서게 되었다. 실학은 관념을 버리고 실제를 존중하는 실증주의(實證主義)였다. 이 때 비로소 풍자소설이 나오게 되었다. 그 중 맨 처음으로 손꼽을 수 있는 것이 박지원(朴趾源)의 작품이다. 그의

경찰과 유머

〈허생전(許生傳)〉에서는 정치가들의 무능·부패와 양반층의 위선을 풍자했다. 〈호질(虎叱)〉에서는 유학자의 위선과 난륜(亂倫)을 산중의 왕인 큰 호랑이가 꾸짖는 형식으로 야유했다. 또 〈양반전〉에서는 양반의 신분을 돈 많은 천부(賤夫)가 사들이는 것으로써 양반층의 몰락과 서민층의 성장을 풍자했다. 〈춘향전〉은 보통 애정소설로 알려져 있다. 그러나 거기에는 전편에 걸쳐 위트와 유머가 풍부히 깔려 있다. 그것은 〈춘향전〉이 쓰여진 영·정조 시대의 실학정신의 영향 때문이다. 당시의 조선 사람은 사회에 대한 깊은 통찰력을 가졌고 정치와 사회를 날카롭게 비판할 줄 아는 깊은 지식을 가졌었다. 여기에서 우리는 유머란 비판 정신으로부터 나온다는 것을 알 수 있다.[1]

한국인의 웃음을 연구한 김열규는 유머를 용감하고 위엄 있는 자의 웃음이며, 차가운 마음에는 깃들이지 않는다 말하고 있다. 또한 유머는 숭엄한 데가 있기 때문에 번득이는 지능을 가진 자, 용기 있는 자, 관대한 인간 긍도(矜度)를 지닌 자가 아니면 함부로 향유할 수 없다[2] 말하고 있다.

미국 소설가 마크 트웨인(Mark Twain)[3]은 "천국에는 유머가 없다"고 했다. 또한 뇌성마비라는 장애를 딛고 미국 조지메이슨대학(大學) 최고의 교수가 된 정유선 교수는 "유머와 행복과 웃음은 기쁨이 아니라 슬픔과 역경, 그리고 그걸 극복해가는 과정에서 나오는 것"[4]이라고 말하고 있다.

---

1) 장경학, 『法律春香傳』, 乙酉文化社 (1990), 10면.
2) 김열규, 『왜 사냐면,…웃지요』, 궁리(2003), 56면.
3) 마크 트웨인(Mark Twain)은 미국의 소설가이다. 마크 트웨인은 필명(筆名)이다. 본래 이름은 새뮤얼 랭혼 클레먼스(Samuel Langhorne Clemens)이며, 그의 대표작은 우리에게 널리 알려진 〈톰소여의 모험(The Adventures of Tom Sawyer)〉이 있다.
4) 조선일보, "Why? 뇌성마비 장애 여고생을 美교수로 만든 한 통의 편지", 2013년 9월 14일, B2면 참조.

 경찰과 유머

　미국 배우이자 유머작가인 로버트 벤츨리(Robert Benchley)는 "유머를 정의하고 분석하는 것은 유머 없는 사람들의 취미이다"라고 말했다. 진중한 이야기를 하는 것도 좋지만 동료들이나 지인들과 좋은 이야기를 하는 중간 중간에 분위기 전환을 겸하여 위트(wit)있는 유머를 한마디 하는 것도 생활의 활력소라고 본다.

　유머는 사람사이의 관계를 가로막고 있는 벽을 허물 수 있는 힘이 있다. 또한 유머 한마디는 '백 마디의 말'보다 상대방을 설득하는 강한 힘을 가지고 있다.
　진정으로 멋있는 사람은 유머 감각이 풍부한 사람이다. 아무리 바쁘고 여유가 없는 각박한 시대일지라도 그럴수록 사람이 유머 한마디는 할 줄 알아야한다.

제1편 경찰과 유머

이것이 한국경찰

어느 날 러시아, 미국, 중국, 한국경찰이 모여 내기를 했다. 내용은 산속에 숨어 들어간 토끼를 최대한 빨리 잡아오는 것!

그들은 한적한 산으로 가서 토끼를 풀었다. 그리고 다음날 내기를 시작하였다.

먼저 러시아 경찰이 산속으로 들어갔다.
그들은 숲속에 있는 동물들을 돈으로 매수하기 시작했다.
사자, 호랑이, 뱀, 곰 등…. 그리고 3일후, 러시아 경찰들은 당당하게 토끼를 잡아왔다.
모두 손뼉을 치며 칭찬했다. "오~ 역시 러시아군. 머리가 좋아."

다음은 중국 경찰.
그들은 수 백 명의 경찰을 불렀다. 그리고 한꺼번에 토끼를 꼭대기로 몰았다.
2일 후. 중국 경찰은 토끼를 잡아왔다. 다른 경찰들이 놀라서 말했다.
"오~역시 중국 경찰. 인해전술(人海戰術) 짱!"

다음은 미국 경찰.

 경찰과 유머

그들은 인공위성과 정찰기를 띄우고, 전파탐지기와 각종 첨단 특수 장비를 이용했다.
24시간 후. 미국경찰은 다른 경찰들을 깔보며 내려왔다.
모두 탄성을 질렀다. "오~ 역시 첨단기술!"

드디어 한국 경찰 차례.
한국 경찰은 수갑을 엉덩이에 차고 여유 있는 모습으로 한가롭게 산에 올라갔다.
2시간 후. 한국 경찰은 곰에게 수갑을 채우고 내려왔다.
모두 : "뭐야?"
한국 경찰은 담배를 하나 꼬나물며 곰의 옆구리를 툭 쳤다.
곰 : "저 토끼 인데 요!"

퇴직 경찰관

퇴직한 경찰관이 차를 몰고 무인 감시 카메라가 있는 지역을 지나는데, 느린 속도로 달렸음에도 카메라가 반짝이며 사진이 찍히는 것이었다.
이상하다고 생각되어 차를 돌려 다시 그 길을 지나가니 또 카메라가 반짝였다. 그는 뭔가 고장이 났다고 생각하고 다시 한 번 지나갔고, 카메라는 또 찍었다.
"이 녀석들 카메라 관리도 제대로 안하는군."

퇴직한 경찰관은 "나중에 경찰서에 알려줘야 되겠군." 하며 그 자릴 떠났다.
열흘 후, 그의 집으로 안전띠 미착용 벌금고지서 세장이 배달되었다.

거짓말탐지기 1

형사 둘이서 커피를 마시며 이야기를 나누고 있었다.

형사1 : 거짓말 탐지기는 참으로 놀라운 발명품이야. 자네 그거 사용해본 적 있나?

그러자 다른 형사가 대답했다.

형사2 : 말도 말게. 사용 정도가 아니라 결혼해서 같이 살고 있잖아!

용한 거짓말탐지기

수뢰혐의로 몇몇 은행장과 기업 총수, 국회의원이 조사를 받았다.

이례적으로 거짓말탐지기까지 동원돼 조사가 진행 중이었다.
먼저 기업 총수가 진술했다.
"5억 원을 건네주었습니다."
그러자 거짓말탐지기가 '삐-'했다.
총수는 "사실은 10억 원을 건네주었습니다."하고 실토했다.

다음은 은행장 차례였다.
"10억 원을 받아서 500만 원을 착복하고 나머지는 은행 수익으로 돌렸습니다."
그러자 탐지기가 '삐-'했다.
은행장은 얼른,
"아니, 뒤바뀌었습니다."하고 실토했다.

이번에는 국회의원 차례였다.
"사실은…."
'삐---.'

거짓말 탐지기 2

아빠가 거짓말 탐지기를 샀어요.
이 거짓말 탐지기는 거짓말을 하는 사람을 때리는 로봇이에요. 아빠는 아들에게 이 기계를 테스트해 보기로 했어요.
"너 어제 어디 있었니?"
"도서관에 있었어요."
로봇이 아들을 때렸어요.
"네, 친구 집에 있었어요."
"뭐했는데?" 하고 아빠가 물어봤어요.
"토이스토리(애니메이션)를 봤어요."
로봇이 아들을 때렸어요.
"네, 포르노를 봤어요!"
아들이 소리쳤어요.
아빠가 화를 내며 말했어요.
"뭐라고? 내가 너 나이에는 포르노를 알지도 못했어!"
로봇이 아빠를 때렸어요.
옆에 있던 엄마가 웃으면서 말했어요.
"역시 당신 아들이에요."
로봇이 엄마를 때렸어요!

교통에 대한 미국, 일본, 한국의 비교

1. 교통사고(交通事故)가 나면 제일 먼저 오는 사람은?
- 미국 : 교통경찰이 달려와 사고 경위와 처리 결과를 알려준다.
- 일본 : 보험회사 직원이 달려와서 보험 약관과 보험금 지급 내용을 알려준다.
- 한국 : 온~동네를 떠들면서 레커차가 온다. 갓길도 무시하고 오고 또 온다. 사람은 내동댕이치고 차만 끌고 번개같이 사라진다.

2. 도로에서 차 막히면 가장 먼저 달려오는 사람은?
- 미국 : 교통경찰이 수신호(手信號)로 교통 통제
- 일본 : 신호기 기술자가 신호조작
- 한국 : 뻥튀기 파는 아저씨, 아줌마

 경찰과 유머

어떤 배신

어느 추운 겨울 저녁. 한 변호사가 급하게 차를 몰다가 옆에서 달리던 차를 박아버렸다. 다행히 다친 사람은 없었지만 차량이 파손되었다. 때문에 사고 수습과 보험 처리를 위해 경찰에 먼저 연락을 했다.

서로의 소개가 있었는데, 피해 차량의 운전자는 의사였다. 변호사는 자신의 불찰을 거듭 사과한 뒤 곧 경찰이 오면 잘 수습될 것이라고 의사를 안심시켰다. 그리고는 날씨가 몹시 추우니 경찰을 기다리는 동안 몸이나 녹이자며 자신의 차 트렁크를 열고 반 정도 남아 있는 위스키를 가져왔다. 뚜껑을 연 위스키를 의사에게 건네며 먼저 한잔하라고 권했다.

그러잖아도 몹시 추웠던 의사는 고마워하며 한 모금 마시고는 당신도 한잔하라고 권했다. 그러나 변호사는 뚜껑을 닫으며 의사에게 얘기했다.

"저는 이따가 경찰의 조사가 끝나면 마시죠, 뭐."

음주운전 단속 피하는 방법

한 부부가 7살 아이와 차를 타고 가다가
음주운전 단속을 하게 됐다.

경찰 : 부시죠.
남편 : 후~~!
"삐이익!"

경찰 : 한계치 초과입니다. 내리시죠.
남편 : 아니, 뭐라구요? 난 술 안먹었습니다.
기계가 문제라구요!! 여보! 당신이 한 번 불어봐!

아내 : 후~~~!
"삐이익!"

경찰 : 아니 두 분이 다 드셨군요!! 경찰서까지 가시죠.
남편 : 아니 정말 당신 왜이래!
야, 울 이쁜 공주님! 너도 한 번 불어봐라!
공주 : 후~~~~~!
"삐이익!"
남편 : 이것 보라구요!!! 내 참!!

경찰 : 죄송합니다! 실례했습니다.

 경찰과 유머

안녕히 가십시오.
"부우우우웅~~~~~~~~~"

한 참을 가다가...
남편 : 여보, 거 봐 쟤도 먹이길 잘했지? ㅋㅋㅋ...

오늘의 미끼

한 경찰관이 어느 술집의 주차장에 잠복근무하면서 음주 운전하는 사람이 있는지 감시하라는 임무를 맡았다.

그 경찰관은 차 안에서 주차장을 지켜보다가, 한 손님이 술집에서 나오는 것을 보았다. 그는 비틀거리며 나오더니 도로 턱에 걸려 비틀거리고, 자기 차도 못 찾아 남의 차를 십 여대나 열어보다가 간신히 자기 차를 찾아 앞좌석에 쓰러지듯 들어가 꼼짝도 않는 것이었다.

밤이 깊어가자 다른 사람들도 술집에서 나와 차에 타고 주차장을 빠져나갔다.

그 손님은 주차장이 거의 텅 빈 후에야 똑바로 앉아 차에 시동을 걸고 주차장을 빠져나가려 했다. 이때 경찰관은 즉시 현장을 덮쳐 운전자를 차에서 끌어낸 뒤 음주측정을 했는데, 놀랍게도 그는 혈중 알코올 농도가 0.0%였다.

경찰이 어떻게 된 일이냐고 묻자, 다음과 같이 말했다.

"전 '오늘의 미끼'로 지명된 사람이거든요."

 경찰과 유머

음주운전

길동이가 술을 먹고 운전하다가 단속하는 경찰에 걸렸다.

길동 : (신분증 홱 보여주며) 내가 누군 줄 알아?
　　　 경찰청에 있어

경찰 : 죄, 죄송합니다!

길동 : 조심해!

부우우우웅~

길동 : 휴… 사실은 주민등록증 보여준 건데, 걸릴 뻔했네!

경찰 : 휴, 하마터면 걸릴 뻔 했네. 가짜 경찰 노릇도 쉬운 건 아냐.

 경찰과 유머

교통 위반

신부님 두 분이 오토바이를 타고 과속으로 달리고 있었는데, 교통경찰관이 세워보니 신부님들이었다.
그래서 웬만하면 봐주려고,
"아실만한 분들이… 천천히 다니십시오. 사고 나면 죽습니다."
그러자, 신부님이 "걱정하지 마십시오. 예수님께서 함께 타고 계십니다."
그 말을 들은 경찰은 "그럼 스티커를 끊겠습니다."
"헉! 아니 왜요???"
신부님이 황당해 하며 경찰관에게 물었다.
"3명이 타는 것은 정원 초과로 위법입니다."

 경찰과 유머

이해가 안되는 것들…

"게 섰거라" 하며 쫓아가는 경찰은 그 말을 듣고 도둑이 설 거라고 생각해서 하는 말일까?

경찰이 정년퇴직할 때까지 월급 받기 위한 복무지침

1. 폭행 신고 출동시 가능한 한 신호등이 많은 도로를 이용해 시간을 끌 것(빨리 도착하면 싸움하던 놈들이 경찰관 보고 더 흥분한다. 대신 늦게 가서 술 마신 부분에 대해서만 사건 처리하고, 도망간 사람 발생 보고만 하는 게 가장 안전하다).

2. 절도 등 기타 신고 출동시 용의자가 없을 경우 모든 사건에 대해선 반드시 발생 보고하라. 사건이 늘어난다고 지휘관들이 뭐라 해도 그렇게 해야만 징계를 안 먹는다.

3. 용의자가 있을 경우 전방 10m 앞에서 '꼼짝 마 움직이면 쏜다!'를 3회 반복할 것(잡힐 경우엔 피의자를 검거하고 도망가면 발생 보고하면 되지만, 반항하면 난처하다. 총을 쏘면 과잉 반응이라 하고, 안 쏘면 안 쐈다고 뭐라 하기 때문에 가능하면 이러한 경우를 만들지 말라).

4. 용의자가 반항할 땐 좋게 잡히지 않으려면 그냥 도망가 달라고 잘 설득하는 게 최우선.

5. 교통법규 위반 단속시 법규를 인정하고 면허증을 제시한 사람은 눈 감고 딱지를 끊어라. 그 대신, 법규를 인정 안하고 따지는 사람은 얼른 보내라(말싸움을 하면 당장 그 다음날 청문감사관실에 불려가서 사유서를 쓸 뿐 아니라, 인터넷 민원

받고 사유서 쓰다보면 근무 못하는 경찰관으로 낙인 찍힌다).

6. 진급을 하고 싶다면 절대로 수사과 형사계 조사계 경비교통과 교통사고조사계는 근무하지 말라(이런데 가면 일만 ×나게 하고 징계 먹고 잘못하면 죽는다. 대신 가능한 한 많은 빽을 동원해 일 적고 상 많은 부서로 가서, 상훈점수를 채워 진급하라).

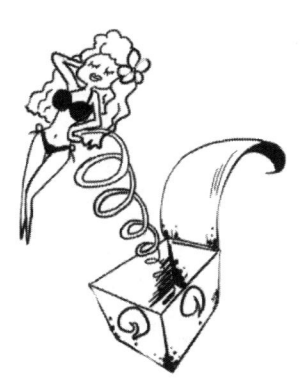

형사의 프러포즈

형사 : 내 심장을 훔쳐간 죄로 당신을 체포합니다. 당신은 묵비권을 행사할 권리나, 변호사를 선임할 권리도 없어요. 모든 물음에 "예"로만 대답해야 해요. 나와 결혼해주겠어요?

경찰관의 이별 방식

너 저번에 내가 다 이해한다며 말하라고 했을 때 네 과거 다 얘기했잖니. 그거 유도심문이었어. 배신당한 느낌이었다고.
그리고 너네 오빠 전과2범이더라. 아직 정신 못 차렸다니? 넌 오빠 닮았는지 만날 음주운전이나 하고. 어디 불안해서 사귈 수 있겠니?
노는 의경한테 미행시켰더니만 다른 남자 만났다더라.
내일 선보는데 조서 확실히 꾸민 후 사귈 생각이야. 너도 전과 없는 사람 만나길 바란다.

 경찰과 유머

절도범

초급 : 어디가 돈 되는 집인지 모른다. 가끔 경찰집을 털다가 걸린다.
중급 : 집 모양만 봐도 재산이 얼마인지 안다.
고급 : 개인 변호사가 있다.

어느 좀도둑의 기도

좀도둑이 그의 은신처에서 기도를 했다.

"하나님, 훌륭한 경찰을 주셔서 소매치기와 악독한 무리들을 감옥에 잡아넣게 해주시니 감사합니다. 주님의 배려가 없다면, 같은 직업에 종사하는 사람들이 많아서, 저와 같이 불쌍한 도둑은 도저히 제대로 먹고살 길이 없사옵나이다. 아멘."

 경찰과 유머

도망갈 구멍

초대형 쇼핑센터에 도둑이 들었다는 연락을 받고 경찰이 비상 출동했다.

그러나 도둑은 거미줄같이 삼엄한 경계망을 뚫고 유유히 사라졌다.

고참 : 아니 어떻게 했기에 놓쳤어! 이 멍청아! 출구를 다 막으라고 했잖아. 짜샤!

신참 : 출구는 분명히 다 막았습니다. 그런데 아, 글쎄 그놈이 입구로 도망갔지 뭡니까?

프로는 달라

도둑이 여성 의류를 특집 기사로 다룬 잡지를 가판대에서 훔치다가 붙잡혔다. "왜 패션잡지를 훔쳤지?" 경찰이 물었다.
도둑이 답했다, "제 일에 필요하기 때문에 그랬어요."
그러자 경찰은 "그건 별로 돈 되는 것도 아니잖아"라고 소리쳤다.

도둑이 말했다.
"잘 아시다시피 저는 소매치기에요. 그러니까 내년에 출시될 옷은 어디에 주머니가 달려 있는지 알아야 한다고요."

범인은 누구?

한 식당의 테이블에 산타클로스, 양심 있는 변호사, 정직한 국회의원, 경찰이 앉아 있었다.
테이블 위에는 돈다발이 있었는데 갑자기 전기가 나가 암흑 상태가 됐다.
잠시 후 불이 켜지자 돈다발이 사라졌다. 누가 가져갔을까?
범인은… 경찰!
왜? 나머지는 실제 존재하는 사람들이 아니므로!

 경찰과 유머

훔치다의 미래형

하루는 선생님이 만득이에게 질문을 했다.

"훔치다의 과거형은 뭐지?"

"훔쳤다입니다."

"그러면 훔치다의 미래형은 뭐지?"

그러자 만득이가 하는 말.

"교도소입니다."

정말! 왜 찾아?

"여보세요, 경찰서죠? 남편이 없어졌어요. 좀 찾아 주세요. 인상착의는 키가 작은데다 뚱뚱하고 약간 머리가 벗겨지려고 해요. 특히 술, 담배를 좋아해요. 제발 남편을 찾아봐 주세요."

경찰의 얘기
"아니, 왜 찾으십니까?"

잔돈 준비는 알아서 합니다.

북적거리는 마트에서 한 여성이 핸드백을 잃어버렸다.

핸드백을 주운 정직한 소년은 그 여성에게 가방을 돌려줬다.

그런데 지갑 안을 살펴본 여자가 말했다.

"음… 이상한 일이구나. 분명히 지갑 안에 오만원 짜리 지폐 한 장이 들어 있었는데 지금은 이상하게도 만 원짜리 5장이 들어 있네."

그러자 소년이 재빨리 대답했다.

"저번에 제가 어떤 여자분 지갑을 찾아줬는데 그분이 잔돈이 없다며 사례금을 안 주셨었거든요."

대학교수의 반응

학생들이 싸우고 있었다. 지나가는 교수들의 반응이다.

사진학과 교수 : 너희들 다 찍혔어!
신학과 교수 : 회개하고 기도합시다.
아동학과 교수 : 애들이 보고 배울라…
법학과 교수 : 너희들 다 구속감이야!
경찰행정학과 교수 : 경찰 불러!

코끼리를 냉장고에 넣는 방법

유전공학과 : 유전자 조작을 하여 냉장고에 들어갈 만한 코끼리를 만든다.

전자공학과 : 코끼리가 들어갈 만한 큰 냉장고를 만든다.

경찰행정학과 : 닭을 심문한 다음에 코끼리라는 자백을 받아낸 뒤 냉장고에 넣는다.

수박장수

트럭으로 온 동네를 누비며 수박을 팔아서 생계를 유지하는 수박장수가 있었다.

그날도 여느 때와 같이 수박을 파는데 유난히 수박이 팔리지 않았다.

저녁 때가 됐지만 수박은 차에 한가득 있었고 더 이상 팔리지도 않았다.

수박장수는 기분이 좋지 않아 장사를 접고 집으로 가기로 했다.

홧김에 신호도 무시하고 과속도 하면서 차를 몰았다.

그런데 뒤에서 '빵빵'거리는 소리와 함께 사이렌을 울리며 경찰차가 따라오고 있었다.

최고속도를 내며 경찰차를 따돌리기 위해 안간힘을 쓰는 수박장수.

포기하지 않고 따라오는 경찰차.

 경찰과 유머

추격전이 벌어진 지 20여분 여 만에 수박장수는 결국 경찰 따돌리기를 포기하고 갓길에 차를 세웠다.

그러자 차에서 내린 경찰관이 수박장수에게 달려오며 한 마디….

"아저씨, 수박 잘 익은 걸로 하나 주세요!"

경찰과 유머

오해

수박 장수가 신호를 무시하고 트럭을 운전하다가 경찰차를 만났다.

뒤를 따라 오는 경찰차에 겁이 난 수박장수, 차를 몰고 골목으로 들어갔다.

이리저리 빠져나가다가 막다른 골목에 다다른 수박장수.

경찰차가 바로 뒤까지 열심히 따라와 있었다.

수박장수는 하는 수 없이 차에서 내렸다.

동시에 경찰관들이 차에서 내리며 하는 말, "휴~ 수박 하나 사먹기 더럽게 힘드네."

 경찰과 유머

설마와 혹시

어느 신축건물이 붕괴된 직후, 경찰에서 관계자를 불러 심문했다.

경찰 : 건물이 무너질지도 모르는데 왜 사원들을 대피시키지 않았죠?

관계자 : 에이, '설마' 무너지기야 할까 생각했지요.

경찰 : 그럼 중역(重役)들은 왜 대피시켰소?

관계자 : '혹시' 무너질지도 모르는 것 아닙니까?

 경찰과 유머

수상한 이웃

경찰청 본부에 전화벨이 울렸다.

"여보세요, 제 이웃에 사는 홍길동씨를 신고하려고 합니다. 그가 장작 속에 마리화나를 숨겨두고 있어요!"

다음날, 경찰청 마약수사대 단속반 형사들이 홍길동 집에 들이닥쳤다.

그들은 도끼로 장작을 하나하나 다 팼지만, 마리화나는 어디에도 없었다.

마약 단속반 형사들은 이웃들을 욕하면서 철수했다.

그때 홍길동의 집에 전화벨이 울린다.

"이봐 홍길동, 경찰 다녀갔어?"

"그래."

"그들이 장작은 다 팼지?"

"응."

"좋아, 이제 자네가 전화 걸 차례야. 난 정원을 갈아야 돼."

가짜 의사 판별법

가짜 의사를 적발해낸 형사가 표창을 받았다.

"어떻게 그가 가짜라는 것을 그렇게 빨리 적발해낼 수 있었나?"

경찰서장이 그의 가슴에 표창 휘장을 달아 주며 물었다.

"아주 쉬웠죠. 의사라고 하기에는 글씨가 너무 알아보기 쉽더라고요."

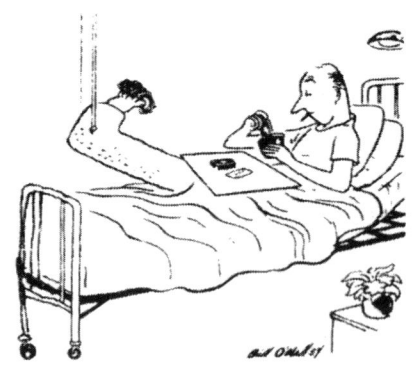

 경찰과 유머

코리아타운의 미국 경찰

미국에 이민(移民)간 지 얼마 되지 않아 영어가 도무지 안 되는 한 남자가 하루는 코리아타운 근처를 드라이브하고 있었다.

그는 차창 밖의 생소한 풍경을 구경하며 운전하던 중 잠시 정신없이 가속기를 밟다가 그만 규정 속도를 어겨 때마침 그 곳을 순찰하고 있던 경찰관에게 걸리고 말았다.

순간 남자는 머릿속이 하얗게 변해서 도무지 한마디의 영어도 생각나지 않았다. 하지만 우리 한민족이 어디 이런 것에 굴복할 민족이던가…. 그는 잠시 심호흡을 하더니 말했다.

"Sir, one time see, please." (한번만 봐주세요, 선생님.) 그러자 교통 경찰관은 그동안 코리아타운에서 겪은 한국 사람들의 콩글리시를 이해하고 있었던지라 그 말을 바로 알아듣고는 이렇게 말했다.

"No soup today, sir."(오늘은 국물도 없습니다, 선생님.)

 경찰과 유머

난... 비밀경찰

옛날 사우디, 이라크, 파키스탄과 같은 지역에서 수염을 기르기 전 이야기다.
한 남자가 이발을 하러 이발소에 들어온다.
콧수염을 기른 남자의 직업은 경찰이다. 그들 나라에서 예전에 경찰의 신분을 콧수염으로 대신 하던 때였다.
이발사에게 머리를 맡기고 잠이 들어버렸다.
그 경찰 잠에서 깨어 거울을 보더니 그 경찰의 신분 증명이 될 수염을 이발사가 다 밀어 버린 것이다.
수염이야 다시 기르면 된다지만, 당장이 문제였다.
"경찰임을 증명할만한 수염이 없어졌으니..."

잠시 생각에 잠기더니 밖으로 나간 경찰.
밖에서 사건이 눈앞에서 일어난 게 아닌가?
수염이 없어지긴 했어도 본인이 경찰임에 틀림이 없는 그는 "꼼짝마라! 나는 경찰이다."라고 말했다.

범인이 멈칫하더니, "당신은 경찰이 아니잖아. 당신이 경찰이면 콧수염이 있어야지"

잠시 고민에 빠진 경찰은 갑자기 윗옷을 벗더니 겨드랑이 털을 보이며
"나는 비밀경찰이다"

교통단속과 공평성

한 신사가 100Km로 차를 몰다가 교통 경찰관에게 걸렸다.
그 신사는 자기보다 더 속도를 내며 지나가는 다른 차들을 보고 자기만 적발된 것이 너무 억울했다.
그래서 몹시 못마땅한 눈으로 경찰관에게 대들었다.
"아니, 다른 차들도 다 속도위반인데 왜 나만 잡아요?"
경찰관이 물었다.
"당신 낚시 해 봤수?"
"낚시요? 물론이죠."
그러자 태연한 얼굴로 경찰관이 하는 말,
"그럼 댁은 낚시터에 있는 물고기를 몽땅 잡으슈?"

 경찰과 유머

갓길의 유래

중요한 회의에 참석하기 위해 가고 있는 중에, 시간이 늦은데다 설상가상으로 고속도로가 교통체증으로 꽉 막힐 때, 짜증을 내봐야 혈압만 올라갈 뿐 방법이 없다.

이럴 때 흔히 기도를 한다.

신이시여! 약속시간 꼭 맞춰 가야 하는데, 저에게 길을 주소서!

그래서 신이 주신 길. '갓(god)길'.

그래서 갓길이 생겼다나….

경찰과 유머

가출신고

어느 부인이 경찰서에 신고를 했다.
부인 : 우리 신랑이 강아지를 데리고 가출을 해서는 돌아오
       지를 않네요.
경찰 : 아, 그래요 걱정이 되시겠네요. 남편을 많이 사랑 하
       시나보죠?
부인 : 아니 그게 아니라⋯⋯⋯⋯⋯⋯
       사실은 그 강아지 엄청 비싼 강아지이거든요,
       제가 얼마나 사랑하는데요.[5]

---

[5] 〈세상에 이런 일도⋯⋯⋯⋯〉 (1) 청주서 살인 사건 신고, 알고보니 애완견 : 최근 살인 사건이 잇따라 발생한 청주에서 20일 애완견이 차에 치여 죽은 사고가 살인 사건으로 오인돼 경찰이 대거 출동하는 등 한바탕 소동을 벌였다. 청주 흥덕경찰서에 따르면 이날 오전 8시 40분께 "살인 사건이 발생한 것 같다" 는 신고가 접수됐다. 경찰은 즉각 강력계 형사를 포함, 30여명을 현장에 급파한 뒤 119구급대에도 지원을 요청했다. 하지만 현장에 출동한 경찰은 허탈함을 감추지 못했다. 인명 피해가 발생한 것이 아니라 유모씨(54)의 애완견 한 마리가 차에 치여 죽은 사고였기 때문이다. 경찰 조사 결과 유씨가 피 묻은 얼굴로 인근 편의점에 뛰어 들어와 '내 딸이 죽었으니 경찰에 신고해 달라' 고 요청한데서 비롯된 해프닝이었다. 편의점 주인은 경찰에서 "상황이 절박해보여 살인 사건이 발생한 것으로 알고 신고했다" 고 진술했다. 한 경찰은 "최근 강력 사건이 잇따라 터져 잔뜩 긴장했는데 그나마 다행" 이라고 가슴을 쓸어내렸다(경향신문, 2013년 3월 21일 참조). (2) "애완견 교통사고도 위자료 줘야" : 애완견이 교통사고를 당했을 때도 위자료를 받을 수 있다는 법원의 판결이 나왔다. 서울중앙지법 민사63단독 신신호 판사는 이모(31·여)씨가 "기르던 애완견이 교통사고로 오른쪽 다리를 다쳤으니 치료비와 위자료 등 1000만원을 지급하라" 며 삼성화재해상보험을 상대로 낸 손해배상 청구소송에서 "치료비의 절반인 161만원과 위자료 20만원 등 총 181만원을 지급하라" 고 판결했다고 22일 밝혔다. 당초 보험회사는 "애완견은 '물건' 으로 분류되기 때문에 애완견의 분양 시가를 넘는 보상 액수는 인정할 수 없다" 고 주장했다. 이에 대해 재판부는 "애완견은 물건과는 달리 소유자가 정신적 유대와 애정을 나누고 생명을 가진 동물이라는 점 등에 비춰 치료비가 애완견 시가보다 높게 지출됐더라도 배상하는 것이 사회통념에 비춰 인정될 수 있다" 고 판단했다. 또 재판부는 "보험사가 물적 손해에는 위자료가 인정되지 않는다고 주장하지만 애완견이 교통사고로

애견가의 아내

경찰서를 찾은 남자가 아내의 실종을 신고했다. 당직 경찰관은 신고사항을 기록했다.

경찰 : 키가 얼마나 됩니까?
남자 : 이만큼요.
경찰 : 체중은요?
남자 : 보통 체중이지 싶어요.
경찰 : 눈 색깔은요?
남자 : 회색으로 합시다.
경찰 : 머리 색깔은요?
남자 : 모르겠어요. 바뀌니까요.
경찰 : 어떤 옷을 입고 있었습니까?
남자 : 모자에 코트 차림이었나 봐요.
경찰 : 뭐 가지고 나갔나요?
남자 : 개를 끌고 나갔습니다.
경찰 : 어떤 개지요?"
남자 : 족보 있는 흰색 독일 셰퍼드인데, 무게 38파운드, 키 여섯 뼘, 갈색 목걸이를 하고 있습니다. 목걸이 등록번호는 45-12-C입니다. 제발… 아내와 같이 나간 저의 소중한 셰퍼드를 찾아주세요~.

다리가 부러졌을 때 소유자에게 재산 피해 외에 정신적 고통이 있음은 사고를 낸 당사자도 알 수 있다" 고 설명했다(중앙일보, 2011년 7월 24일 참조).

 경찰과 유머

면접

맹구가 경찰이 되기 위해 면접을 보는 날,
면접관 : "김구선생이 누구에게 피살되었지?"
그러자 맹구는 바로 아내에게 전화를 걸어 말했다.
맹구 : "자기야! 나 첫 날부터 사건 맡았어~!"

낼래? 이거 받을래?

1998년 영국에서 있었던 일.
어느 도로에서 과속운전을 한 남성에게 영국 경찰이 증거사진과 같이 벌금통지서를 보냈다.
며칠 뒤, 경찰 측에 온 그 남성이 보낸 편지에는 지폐를 찍은 사진이 대신 들어가 있었다.
이에 영국경찰측은 아무 말 없이 수갑을 사진 찍어 보냈다.
그러자 곧바로 며칠 뒤 그 남성은 벌금을 냈다.

 경찰과 유머

사실주의

네온이 찬란한 술집 앞거리에서 어떤 여자가 경찰에게 달려와 말했다.

"저기 저 남자가 자꾸만 따라와요. 아무래도 술에 취한 것 같아요!"

경찰관은 그 여자를 아래로 훑어보더니 말했다.

"그 자식 술이 많이 취한 게 틀림없군!"

 경찰과 유머

술만 취하면

술만 취하면 마누라와 싸우고 미안한 생각에 화해도 할 겸 저녁 외식이나 하자며 차를 끌고 나갔다.
때 마침 도로에 차도 없고 해서 쌩쌩 달리는데 저만치 앞에서 경찰이 차를 세우라고 했다.
경찰 : 선생님 과속하셨습니다.
남편 : 무슨 말을 하는 거예요? 90km로 달렸단 말이에요.
마누라 : 여보 당신 100km넘었어요.
남편 : 어? (마누라 맞아?)
경찰 : 라이트도 나가 불도 안들어 오네요. 벌금내야 됩니다.

남편 : 무슨 소리. 조금 전에도 잘 들어 왔는데
마누라 : 지난번 앞차 박아서 깨졌잖아요.
남편 : 어? (화가 덜 풀려서 그렇지)
경찰 : 안전벨트도 안 매셨네요.
남편 : 조금 전 까지도 맸는데 당신이 차 세우는 바람에 풀었잖아요.
마누라 : 무슨 말이에요, 당신 언제 안전벨트 매고 운전한적 있어요.
남편 : 이 마누라가!! 죽을래?
경찰 : 바깥양반이 원래 말투가 이렇습니까?
마누라 : 아니요 술만 취하면 그래요.

 경찰과 유머

웃기는 집안

교통경찰이 신호를 위반한 차량을 정지시켰다.
경찰 : "신호 위반입니다. 면허증 좀 주세요."

운전자가 유리창을 열면서 말한다.
운전자 : "좀 봐주세요. 낮에 술을 마셨더니"
경 찰 : "아니? 그럼 음주운전까지!"

그러자 운전석 옆에 있던 아내가 한마디를 더한다.
아내 : "한 번만 봐주세요. 이이가 아직 면허증이 없어서 그래요."
경찰 : "아니, 무면허 운전까지!"

뒤에 있던 할머니와 손자가 가세해 투덜거린다.

할머니 : "거 봐라, 훔친 차는 얼마 못 간댔지!"
손자 : "은행 털 때부터 알아봤다니까!!"

 경찰과 유머

지갑 찾기

밤중에 술에 잔뜩 취한 어떤 사람이 광장에 엎드려 열심히 뭔가를 찾고 있는 것을 보고 순찰 중이던 경찰이 다가와서 물었다.
경찰 : 거기서 뭘 하고 있습니까?
주정뱅이 : 잃어버린 지갑을 찾고 있는데요.
경찰 : 어디쯤에서 잃어버렸는데요?
주정뱅이 : 저 건너 수풀 속에서 잃어버렸습니다.
경찰 : 아니, 그런데 왜 이곳에서 찾고 있는 겁니까?
주정뱅이 : 여기가 환해서 찾기가 더 쉽잖소!

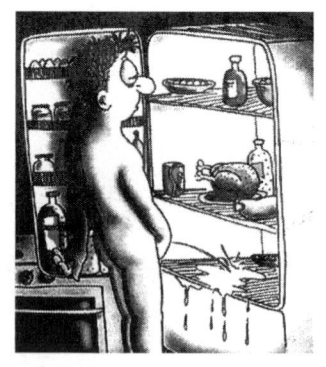

 경찰과 유머

바보 같은 소리

주차장에서 차를 빼려던 여자가 뒤차를 들이받더니, 다시 앞차에 가서 부딪쳤다. 그리고 겨우 큰길로 차를 뺀 다음, 이번에는 지나가는 차를 받았다. 이 광경을 멀리서 지켜보던 경찰이 다가와서 말했다.

"실례합니다. 잠시 면허증 좀 확인하겠습니다."

그러자 여자가 경찰한테 소리를 꽥 질렀다.

"바보 같은 소리 마요! 이 판국에 면허증 따위가 문제인가요?"

과속

한 남자가 고속도로에서 시속 200km로 달리다 경찰에 잡히고 말았다. 차를 세우고 경찰이 다가오자 미안하다는 투로 말했다.

"죄송합니다, 제가 좀 빨리 달렸죠?"

그러자 경찰이 대답했다.

"아닙니다. 너무 낮게 날더군요."

 경찰과 유머

참기름 장수가 고소당한 이유

참기름 장수가 경찰서에 잡혀갔다.
왜 잡혀갔을까?

- 참기름이 고소해서

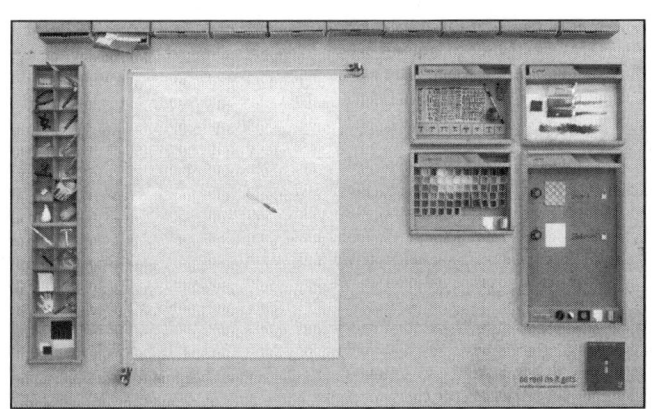

라면과 참기름

라면과 참기름이 싸웠다. 얼마 후 라면이 경찰서에 잡혀갔다. 왜 잡혀갔을까?
참기름이 고소해서….
이윽고 참기름도 잡혀갔다.
왜 끌려갔을까, 라면이 다 불어서….
구경하던 김밥도 잡혀갔다. 왜?
말려들어서….
소식을 들은 아이스크림이 경찰서로 면회 가다가 교통사고를 당했다. 왜?
차 가와서….
이 소식을 듣고 수프가 졸도했다. 왜?
국물이 쫄아서….
덩달아 계란도 잡혀갔다. 왜?
후라이 쳐서….
재수 없게 꽈배기도 걸려들었다. 왜?
일이 꼬여서….
아무 상관없는 식초도 모든 일을 망치고 말았다. 왜?
초 쳐서….
그런데 이 모든 일이 소금 때문이란다. 왜?
소금이 짠 거랍니다.

형사와 도둑의 대화

형사 : 직업이 뭐야?
도둑 : 빈부차이를 없애려고 밤낮으로 노력하는 사회 운동가 입니다.
형사 : 넌 꼭 혼자 하는데 짝은 없나?
도둑 : 세상에 믿을 놈이 있어야지요.
형사 : 마누라도 도망갔다면서.
도둑 : 그거야 또 훔쳐오면 되죠.
형사 : 도둑은 휴가도 안가나?
도둑 : 잡히는 날이 휴가죠.
형사 : 아들 학적부에 아버지 직업을 뭐라고 적나?
도둑 : 귀금속 이동센터 운영.
형사 : 가장 슬펐던 일은?
도둑 : 내가 훔친 시계를 마누라가 팔러 갔다가 날치기 당했을 때죠.
형사 : 그때 마누라가 뭐라고 하던가?
도둑 : 본전에 팔았다고 하대요.
형사 : 형을 살고 나오면 뭘 하겠니?
도둑 : "배운게 도둑질" 이란 말도 모르서?
형사 : 아이 교육은 어떻게 시키려나?
도둑 : 우선 바늘 훔치는 법부터 가르쳐야죠.
형사 : 자네 "임꺽정"을 아는가?
도둑 : 도망간 년을 왜 걱정합니까?

 경찰과 유머

형사 : 가장 인상 깊었던 도둑질은?
도둑 : 고급 공무원 집이었는데 물방울 다이야 훔쳐 도망가다가 경찰한테 잡혀 그 집으로 끌려 왔는데 주인 놈이 당황하여 "그건 내가 준 것이요"라고 둘러대더군요. 정말 장발장 생각나데요.
　물론 나는 사뿐히 풀려났지요!
형사 : 자네 솔직해서 감형되도록 좋게 조서 쓰겠네.
도둑 : 감사합니다! 제가 훔친 것 중 가장 좋은 것으로 보답해 드리겠습니다.

경찰과 도둑의 대화

경찰과 도둑이 나눈 대화입니다.

경찰 : 도둑을 째려보며, 당신, 직업이 뭐야?
도둑 : 빈부 차이를 없애려고 노력하는 평준화 운동가입니다.
경찰 : 넌 꼭 혼자 하는데 도와주는 짝은 없나?
도둑 : 세상에 믿을 놈이 있어야지요.
경찰 : 도둑은 휴가도 없냐?
도둑 : 잡히는 날이 휴가죠.
경찰 : 아들 학적부에는 아버지 직업이 뭐라고 적느냐?
도둑 : 귀금속 이동 센터 운영,
경찰 : 너는 평생 도둑질 하면서 자녀교육은 어떻게 시키냐?
도둑 : 정직하고 충성스럽게 살라고 교육시킵니다.

판사와 도둑

판사 : 그동안 다른 사람들한테 조금이라도 도움 되는 일을 한 적이 있나요?
도둑 : 물론이죠. 형사 서너 명에게 계속 일거리를 줘 왔거든요.

도둑이 싫어하는 과자

1. 도둑이 싫어하는 과자는? 누네띠네

2. 깡패의 뜻은? 깡다구 부리다가 패가망신한 사람

3. 조폭 두목이 타는 말(馬)은? 까불지마(馬)

 경찰과 유머

예의 바른 도둑

강도가 어느 집에 들어갔다. 강도는 부드러운 목소리로 이렇게 말했다.
대단히 죄송합니다. 너무 늦게 미리 연락도 하지 않고 찾아온 것을 용서해 주십시오. 저희는 모두 셋이며 거기 움직이는 분께서는 뒤로 가만히 앉아 주시기 바랍니다.
그리고 가지고 계시는 돈과 보석이 어디에 있는지 가르쳐 주시면 고맙겠습니다. 또 이건 참으로 죄송한 일이긴 하지만 밖으로 연결될 수 있으니 전화선을 끊도록 하겠습니다. 그리고 제일 중요한 것은 통장과 도장, 비밀번호를 가르쳐 주시고 저희가 나간 뒤에는 경찰서나 파출소, 인근 군부대에 연락하지 말아 주십시오. 간절히 부탁합니다. 만일 연락을 하시면 얼마 안 돼서 다시 찾아뵐까 합니다. 그럼 온 가족의 건강과 행운이 깃들기를 간절히 기도하면서 저희는 이만 물러가겠습니다. 다른 데 연락하시면 조만간 또 뵙겠습니다.
그럼 안녕히 계십시오.

멍청한 아내

어떤 부부가 건축 자재를 배달하는 영업을 하고 있었다.

하루는 물량이 너무 많아 적재함에 5m 높이의 물건을 싣고 가다가 〈높이 4.5m〉라고 쓰인 터널 앞에 이르렀다. 남편이 아내에게 내려서 한번 확인해 보라고 했다. 주위를 살펴보고 올라온 마누라 이르길…

"까지껏, 경찰도 없는데…그냥~ 통과해 버려요!"

 경찰과 유머

남편의 뒷조사

최근 남편의 수상한 행동에 의심을 품은 한 중년 여자가 사립 탐정을 고용해 남편에 대한 뒷조사를 부탁했다.
하루 종일 남편을 미행한 사립 탐정은 결과를 보고했다.
"부인께서 부탁하신 대로 어제 저녁 내내 남편을 미행했습니다. 남편께서는 처음 시내 한 술집에 들렀고, 다음에는 노래방, 그리고 마지막으로 숙박업소에 들어가시더군요."
사립 탐정의 말에 아내는 뭔가 건수를 잡은 듯이 손뼉을 치면서 환호하며 말했다.
"그래요? 그럼! 그 사실로도 이혼을 청구할 수 있겠군요."
중년 여자의 말에 사립 탐정은 한참 고민하더니 말했다.
"그게 말이죠. 어제 남편께서는 저녁 내내 부인의 뒤만 따라다니신 거였거든요."

 경찰과 유머

도둑과 골프

골프광 부부가 잠을 자는데 도둑이 들어왔다.
부인이 먼저 발견하고 남편을 깨웠다.
남편은 머리맡에 둔 골프백에서 제일 긴 드라이버를 꺼내들었다.
그러자 부인이 조용히 속삭였다.

"여보! 피칭거리예요"

세상에서 제일 무서운 새는?

세상에서 제일 무서운 새는? 짭새

- 영화 「조폭마누라」(2001) 중에서 -

 경찰과 유머

경찰과 도둑

김혜수 : "친구일 줄 알았는데?"
이심결 : "경찰과 도둑은 언제나 친구지!"

-영화 「도둑들」(2012) 중에서 -

당신을 체포합니다.

- 구속영장 발부 -
님! 당신은 저에게 구속당해야 하는 운명, 이제야 저를 찾아오신 죄.
그 죄를 저지르고도 반성의 기미가 없기에 구속영장을 발부합니다.

죄목 1.
잔잔한 마음에 뛰어 들어와 내 마음을 잡아버린 (무단 침입죄)

죄목 2.
내 마음을 몽땅 빼앗아버린 (마음 갈취죄)

죄목 3.
그리고 그 빈자리를 그대의 더 큰 사랑으로 채워놓은 (무단 투기죄)

죄목 4.
그대의 마음을 아름다운 시와 사랑에 퍼트린… (사랑 유포죄)

죄목 5.
어둠을 틈타 몰래 오시어 잠 못 자게 한 (불면의 밤을 만든

고문죄)

죄목 6.
꾸밈없는 아름다운 글들로 (마음 과다 노출죄)

죄목 7.
때와 장소를 가리지 않는 당신의 마음을 이야기한 (마음 준 사랑죄)

죄목 8.
여러 코너를 오가며 당신의 향기를 노출한 (과다 노출 조성죄)
등등 수많은 죄목이 있는 데다…

가해자! 판례로 볼 때 당신은 체포돼 평생 제 곁에서 그 죗값을 치러야 할 것입니다.
하지만 앞으로의 노력 여하에 따라 특별사면 조치될 가능성이 조금 있습니다.

그들만의 공통점

정치인과 털 : 뽑으면 뽑을수록 괴롭다.

경찰관과 낚시꾼 : 일단 걸리면 잡으려 하지만 놓칠 때가 더 많다.

 경찰과 유머

제비족의 실수

카바레에서 섹시한 중년의 여자가 혼자서 술을 홀짝거리는 모습을 본 제비족이 슬그머니 다가서더니 은근한 목소리로 유혹했다.
"안녕하세요. 좋은 밤입니다. 제 생각에는 우리가 같은 목적으로 여기에 있는 것 같은데….."
섹시한 중년의 여자는 잠깐 뜸을 들이더니 대꾸했다.
"그런 것 같군요!"
제비족이 속으로 음흉한 미소를 지으며 그녀의 옆자리에 앉자 갑자기 벌떡 일어난 그녀가 하는 말.
"그럼 서로 뜸 들이지 말고 각자 돈 많은 애들이나 찾아보죠."
그녀는 꽃뱀이었다.

 경찰과 유머

어느 이발소에 경찰이 이발을 하러 왔다.

'예쁘게 잘라주세요.'
경찰이 머리를 다 자르고 나서 계산을 하려고 하자 이발사가,
'아아 됐습니다. 국가를 위해 봉사했다고 생각하죠.'
그러자 다음날 이발소 앞에 빵과 우유 등 먹을 것과 경찰의 감사편지가 놓여 있었다.

그리고 이번엔 국회의원이 머리를 자르러 왔다.
'예쁘게 잘라주게.'
이발이 끝나고 국회의원이 계산을 하려고 하자 이번에도
'아아 됐습니다. 국민을 위해 봉사하시는데 그 정도야…' 라며 공짜로 돌려보냈다.
그리고….
다음날 아침.
이발소 앞에는 100명의 국회의원이 서로 먼저 깎으려고 새치기를 하는 등 심한 몸싸움을 하고 있었다.

 경찰과 유머

엄청 바쁘게 생겼다

평생 아내가 벌어 오는 돈으로 빈둥거리며 살던 건달이 있었다. 어느 날 경찰서에서 전화가 걸려 왔는데 아내가 교통사고로 사망했다는 것이었다. 슬픔보다는 앞으로 살아갈 걱정과 보상금이 얼마나 나올까 머리를 굴리고 있는데, 이번에는 생명보험회사에서 전화가 왔다.

아내가 10억 원짜리 생명보험에 가입돼 있으니 주민등록증과 도장 갖고 보험금을 수령해 가라는 거다. 이 친구 좋아서 미칠 지경에 이르자 너무 흥분했는지 소변이 급히 마려웠다.

근처 화장실에서 싱글벙글 웃어 가면서 볼일을 보던 이 친구, 자기 물건을 내려다보면서 하는 말,

"야, 인마~!!! 너하고 나하고 앞으로 엄청 바빠지게 생겼다~♬"

 경찰과 유머

혼전 성관계란?

유명 연예인의 혼전 성관계가 신문에 크게 기사화됐다.

이 기사를 본 각계의 의견은 직업군에 따라 다양했다.

교통경찰 : 속도위반이군. 딱지 감이야.

산부인과 의사 : 고객이 한 명 더 늘었군.

정치인 : 사전 선거운동이야.

산악인 : 미지의 산에 사전 답사를 했군.

세일즈맨 : 샘플이 필요했던 모양이지?

법무사 : 일찍이 가등기를 해 두었는데.

차표 창구직원 : 일찌감치 예매를 했군요.

이제 안심

아파서 침대에 누워 있던 남편이 수심에 가득 찬 아내에게 말했다. "나한테 무슨 일이 생기더라도 당신만큼은 걱정 없이 살게 해야겠다 싶어서 얼마 전에 3억 원짜리 생명보험을 들었어."

그 말을 듣자 아내는 언제 그랬느냐는 듯이 얼굴이 환해졌다. "여보 정말 잘했어요. 그럼 이제부턴 병원에 갈 필요가 없겠네요."

어떤 부부싸움

한 남자가 파출소로 뛰어 들어오며 말했다.

"제 아내를 때렸습니다. 저를 유치장에 가둬 주세요!"

당황한 경찰이 물었다.

"아내가 죽었습니까?"

남자는 화를 버럭 내며 말했다.

"죽었으면 유치장에 가둬 달라고 하겠습니까? 쫓아오니까 그렇지요!"

 경찰과 유머

과속의 이유

도로를 과속으로 달리던 차가 교통경찰의 제지를 받고 멈춰 섰다.

운전자가 술에 취해 있는 것을 본 경찰관은 그가 속도감을 제대로 느끼고 있는지 알기 위해 다그쳐 물었다.

"이봐요, 시속 150km요. 알기나 해요?"

그러자 술에 취한 운전자가 이렇게 대답했다.

"알고 말고요~. 그래서 사고가 나기 전에 얼른 집으로 가려던 참이오."

어느 운전자의 이야기

평소에 법을 절대 어기지 않는 정직한 친구가 면허를 땄다.

어느 날 그 친구와 부산을 놀러 가게 됐다. 운전은 친구가 하기로 했다.

모범운전을 하는 친구는 고속도로에서 정규속도를 맞춰가기만 했다.

직접 차를 몰고 갈 걸 후회하던 중 고급 외제차가 순식간에 옆으로 지나갔다.

그러자 친구가 그 차를 맹렬히 뒤쫓기 시작했다.

이럴 친구가 아닌데 속도가 너무 빨랐다.

차라리 답답해도 좋으니 아까처럼 가자고 했다.

내가 참다못해 말했다.

"야. 너 도대체 왜 이래."

그러자 친구가 하는 말.

"앞 차와의 거리 100m 유지."

교통위반 딱지 100% 받는 언행들

1. 혼자 중얼거린다. 오늘 재수 더럽게 없더니, 똥파리가 달라붙었네.

2. 제가 오늘 깜박했습니다. 경찰 추적 레이더를 잊어버리고, 안켰지 뭡니까? 요기서 도둑놈처럼 기다리고 계신 줄 알았겠습니까?

3. 이건 완전히 남녀차별입니다. 어째서 남자만 잡습니까? 부인이 혹시 여자 택시운전사 아닙니까?

4. 옛날 젊었을 때는 소주 5병 마시고도 끄떡 없었는데, 인제 늙었는지 겨우 2병에 정신이 없으니….

5. 순경아저씨, 딱지 끊을 때마다, 월급이 오르나요? 안오르면, 미쳤다고 시간 낭비하십니까?

6. 제 사돈의 8촌의 조카며느리의 덜떨어진 둘째 아들 녀석이 김 아무개라는 교통경찰인데, 혹시 아세요?

7. 오늘 부인과 한바탕 했지요? 얼굴색깔과 구겨진 옷이 다 말하고 있습니다. 화풀이로 저 잡았지요?

8. 입장을 바꿔 생각해 보쇼! 제가 교통순경이고, 당신이 뺑소니 운전사라면 그냥 봐주지, 딱지 끊겠습니까? 그렇지 않습니까?

9. 제 친구 아버지가 경찰청 과장인데요, 만원드릴 테니, 봐주쇼! 그리고 백지에 영수증도 써주세요!

10. 야, 너 중학교 때 꼴찌 하던 노 아무개 아니냐? 검산가 한다고 들었는데, 짭새로 좌천당한 거냐?

11. 불경기에 돈 없어! 나를 잡아먹어라! 나쁜 놈!

12. 그까짓 벌금 나도 낼 수 있소! 사람 무시하지 마시오! 그런데, 1년 할부는 가능합니까?

규격 미달

어느 신혼부부 집에 밤늦게 음란 전화가 걸려왔다.
"안녕하세요? 저랑~ 폰섹 하실래요?"

황당한 전화를 받고 깜짝 놀란 새색시는 몹시 화를 내면서 소리쳤다. "당신 뭐예요? 누군데 이딴 전화를 거시는 거죠?"

"흐흐…. 지금 내가 한 쪽 손으로 쥐고 있는 게 뭔지 알고 싶지 않아요?"

그러자 새색시가 콧방귀를 뀌면서 말했다. "한 손에 잡힐 정도면 규격 미달이야. 끊어~!"

사형수의 소원

옛날에 왕을 위하여 열심히 일해 온 광대가 있었다. 그런데 어느 날 그 광대가 돌이킬 수 없는 실수를 저질러 왕의 노여움을 사 사형에 처해지게 되었다. 왕은 그동안 광대가 자신을 위해 노력한 것을 감안하여 마지막으로 자비를 베풀기로 했다.

"너는 큰 실수를 저질러 사형을 면할 수는 없다. 그러나 그간의 정을 감안하여 너에게 선택권을 줄 것이니 어떤 방법으로 죽기를 원하느냐?"라고 말했다.

광대가 말했다.

"그냥 늙어서 죽고 싶사옵니다."

 경찰과 유머

공짜로 밥 먹는 방법

준비물 : 능숙하게 밥 먹는 연기력과 가죽점퍼 입은 30대 중반의 아저씨 한 분.

1. 여느 때와 다름없이 식당에 편안히 들어가 소머리국밥 하나를 시킨다(주위를 자주 둘러보며 빨리빨리 시킨다).

2. 거의 다 먹을 때쯤 문 밖에 있는 30대 중반의 아저씨에게 신호를 보낸다.

3. 30대 중반의 가죽점퍼 입은 아저씨가 안으로 들어오며 나에게 "○○○이시죠? 경찰인데요, 같이 가주셔야겠습니다"라는 말을 날리며 가죽지갑을 열어 교통카드를 보여준다.

4. 그리고 나는 재빨리 아저씨를 밀치고 도망쳐 밖으로 나온다.

5. 아저씨도 나를 잡는 것처럼 하면서 도망 나온다.

공평한 변호사 다람쥐?

다람쥐 두 마리가 숲속에 놀러갔다.

도중에 첫 번째 다람쥐가 땅콩을 발견하고 말했다.

"어, 땅콩이 닷!"

그 소리를 듣고 두 번째 다람쥐가 먼저 달려가 땅콩을 주워버렸다.

그러자 두 다람쥐가 서로 땅콩이 자기 것이라고 싸웠다.

그때 변호사 다람쥐가 나타났다.

"내가 문제를 해결해줄게."

그러더니 변호사 다람쥐는 땅콩을 반으로 쪼갰다.

그리고 땅콩 껍질을 절반씩 각각의 다람쥐에게 나눠주면서 말했다.

"자 공평하지? 그리고 이 알맹이는 수임료로 내가 가질게."

 경찰과 유머

노름 좋아하는 여자

카드 도박을 좋아하는 여자가 있었다.

이 여자는 꼭 한 달에 한 번씩 밤늦게까지 도박을 했다.

그런데 새벽 1시쯤에야 집에 오니 남편을 잠에서 깨우는 게 못내 미안했다.

그 생각에 남편이 깨지 않게 하기로 마음먹고 '아이디어'를 하나 고안해 냈다.

그래서 어느 늦은 날, 집에 와 거실에서 옷을 다 벗고 팔에 '핸드백'을 걸친 채 알몸으로 살며시 침실에 들어갔다.

그런데 그날따라 남편이 자지 않고 책을 읽고 있는 게 아닌가. 부인의 꼴을 보더니, 남편이 냅다 소리쳤다.

"에이, 이 여편네야. 그래 오늘은 몽땅 털렸냐?"

 경찰과 유머

화려한 기록

홍길동이 경찰서에 또 잡혀 왔다.

그의 범죄기록부를 들여다보던 형사가 입을 열었다. "대단한 기록이군. 소매치기에다, 뺑소니 운전에, 풍속문란 행위에, 무장강도에, 성폭행까지…."

"잘 알아요. 내 장기가 뭔가를 알아내려다 보니 이것저것 많이 해 봤다고요."

 경찰과 유머

현장 검증

과부 집에 도둑이 들어와 물건을 몽땅 싸 들고 나가려고 했다.

그러자 과부가 말했다.

"물건만 가져가면 어떻게 해?"

도둑은 과부를 즐겁게 해주고 달아났다.

그런데 이 도둑이 경찰에 잡혀 강도 강간죄로 기소돼 과부가 경찰에 참고인으로 불려가 조사를 받았다.

조사를 끝낸 후 경찰은 과부를 돌려보냈는데 과부가 가지 않고 경찰서 앞마당에서 머뭇거리고 있었다.

경찰관이 나와서 조사를 마쳤으니 돌아가도 된다고 하니 과부가 수줍은 듯 물었다.

"……'현장 검증'은 언제 합니까?"

 경찰과 유머

강간사건 현장

강도가 들었다는 신고를 받고 현장에 출동을 해보니
강도는 여자를 강간한 뒤 이미 도주한 뒤였다.
경찰 : 혹시 범인 얼굴은 보셨나요?
여자 : 아니요. 뒤에서 해서 얼굴을 볼 수가 없었어요.

경찰 : 한번쯤 뒤돌아볼 생각도 안했나요?
여자 : 저기.......... 혹시라도 빠질까봐 뒤돌아볼 수가 없더라구요.

경찰 : 기가 막힌 듯... 예, 알겠습니다. 범인 잡히면 연락드리지요.

돌아서는 경찰에게 여자는 소리쳤다.

저기요! 현장검증은 꼭하게 해주서요~~~.

현장보존

젊은 여자가 다급한 목소리로 도둑이 들었다며 경찰서에 신고 전화를 했다.

경찰은 바로 출동할 테니 도둑의 지문 감식을 위해 범인이 손 댄 곳은 건드리지 말라고 당부했다.

그러자 젊은 여자는 떨리는 목소리로 말했다.
"저… 닦지도 못하나요?"

할머니와 경찰관

어떤 할머니가 지나가던 경찰관을 불러 세웠다.
"이거 봐요. 경찰 아저씨. 어떤 남자가 갑자기 나를 끌고 길가 골목으로 데리고 가더니 강제로 키스하고 나를 막 만지고 그랬다오!"

놀란 경찰관이 경찰봉을 꺼내며 다급하게 물었다. "그게 언제입니까? 어떻게 생긴 놈입니까?"

"설명하면 당신이 잡아가겠소?"

"그럼요, 인상착의가 어떤지 설명해 주세요."

"그거 50년 전 내 바깥양반 이야기거든? 집에서 빈둥거리고 있으니까 좀 와서 잡아가쇼. 하루 종일 얼굴 보고 있으려니 괴로워서 그래."

 경찰과 유머

교사 vs 판사

정지신호를 무시하고 주행했다가 걸린 젊은 여자가 판사 앞에 섰다.

여자는 자기가 학교 선생이라면서 제 시간에 학교에 가야 하니 사건을 얼른 처리해 달라고 했다.

그 소리를 듣자 판사는 희색이 만면했다.

"학교 선생이란 말이지? 내 평생소원이 이뤄지게 됐네요. 자 이제, '나는 정지신호를 위반하지 않겠습니다.'를 500번 쓰시오!"

 경찰과 유머

도둑이 제일 무서워하는 것은?

한 마을에서 도둑을 잡았다. 마을 사람들은 그 도둑을 흠씬 두들겨 팼다.

매를 맞은 도둑은 아파하면서도 소리를 지르며 말했다.

"저를 마음대로 하십쇼. 때려 죽여도 좋고, 목을 매달아도 좋으나 제발 담 너머로만 던지지 말아 주십쇼. 제발 부탁입니다" 라며 애원하는 것이었다.

마을 사람들은 '도둑이 담 너머로 던져지는 것을 죽는 것보다 두려워하는 데는 뭔가 있구나!' 하고는 골탕 좀 먹어보라고 도둑을 담 너머로 집어 던지며 고소하다 못해 통쾌해했다.

그런데 도둑은 담 너머로 떨어지자마자, 한바탕 크게 웃더니 줄행랑을 쳐버렸다.

직업별 싫은 사람

의사가 제일 싫어하는 사람 : '앓느니 죽겠다'는 사람
치과 의사가 제일 싫어하는 사람 : '이 없으면 잇몸으로 산다.'는 사람
산부인과 의사가 제일 싫어하는 사람 : '무자식 상팔자'라는 사람
한의사가 제일 싫어하는 사람 : '밥이 보약'이라고 하는 사람
변호사가 제일 싫어하는 사람 : '법 없이도 살' 사람
학원 강사가 제일 싫어하는 사람 : '하나를 가르치면 열을 아는' 사람

 경찰과 유머

모텔서 만난 부부

어느 날 부부가 각자 애인을 데리고 모텔에 갔다가 복도에서 딱 마주쳤다.

남편 : (당황하여) 어… 어 아니 당신.
아내 : 침착하게(옆에 있던 애인을 보고 남편을 가리키며) "김 형사 저놈이요. 저놈 잡아요."
(후기 : 남편 혼쭐나서 도망갔다가 나중에 일방적으로 이혼 당했다)

순발력

남편과 아내가 각자의 애인과 함께 골프를 치다가 클럽하우스에서 만났다.

남편 : (당황하며) 여보, 처제인데 인사해!

아내 : 김 형사, 이 사람이에요. 이 사람 잡아가요!

 경찰과 유머

현상 수배범

유치원에서 경찰서로 견학을 갔는데 아이들이 벽에 붙어 있는 현상 수배범들의 사진을 보고 한 아이가 선생님에게 물었다.
"경찰 아저씨들이 저 사람들을 찾고 있어요?"
"그렇단다."
아이가 사진을 계속 쳐다보며 물었다.
"그럼, 저 사진을 찍을 때는 왜 안 잡았대요?"

조폭과 아줌마의 공통점

1. 대체로 칼을 잘 쓴다.
2. 떼 지어 몰려다니는 경우가 많다.
3. '형님'이란 말을 많이 쓴다.
4. 제 식구들을 끔찍이 챙긴다.

조폭과 신부의 공통점

1. 검은 옷을 입고 다닌다.
2. 자기 지갑을 열어 돈을 내는 법이 없다.
3. 서열이 확실하다.
4. 남의 구역은 침범하지 않는다.
5. 조직을 위해서는 목숨을 바치기도 한다.

억울합니다!

어떤 남자가 자동차를 훔친 혐의로 경찰서에 잡혀왔다.

경찰이 그의 범죄 사실을 추궁했다.
"당신, 왜 남의 차를 훔친 거지?"
그러자 남자는 억울하다는 듯 신경질적으로 대답했다.
"난, 훔친 게 아닙니다. 묘지 앞에 세워져 있기에 임자가 죽은 줄 알았다고요!"

 경찰과 유머

경찰

뉴욕의 한 초등학교 선생님이 아이들에게 경찰에 관해 글을 쓰게 했다.
조지가 내놓은 것은 "경찰은 나쁜 사람"이라는 세 단어였다.
조지의 태도에 질겁한 그 선생님은 지역 경찰서로 아이들을 데리고 가서 경찰 실무를 견학시키기로 했다.
경찰들은 아이들에게 경찰서 안을 두루 구경시키고, 순찰차에 태워서 데리고 다니기도 하고, 무전기를 통해 서로 이야기를 나누게도 해준 후, 음료수를 대접하는 것으로 그날 행사를 마쳤다.
이튿날 선생님은 다시 경찰에 관한 글짓기를 시켰다.
조지의 이번 글은 "경찰은 간사하고 나쁜 사람들"이었다.

못생긴 죄

한 남자가 사무실의 여직원에게 다가가 몸에서 좋은 냄새가 난다고 이야기했다.

그러자 그 여직원이 즉시 상사에게 가 그 남자를 성희롱으로 고소하겠다고 말했다.

당황한 상사가 말했다.
"동료가 향기가 좋다고 칭찬한 게 뭐가 문제지?"

여직원이 즉각 대답했다.
"그 남자는 못생겼단 말이에요."

 경찰과 유머

공짜가 어딨어!

어느 부부의 결혼기념일에 발신자가 없는 등기 우편이 도착했다.
봉투를 뜯어보니 정말 보고 싶었던 연극표 2장이 들어 있는 것이었다.
부부는 결혼기념일을 축하하기 위해 친구 중 누군가 보냈다고 생각했다.
오랜만에 연극도 보고, 외식도 하고, 즐거운 시간을 보낸 부부는 집에 도착해서 깜짝 놀라고 말았다. 도둑이 들어 집안이 엉망진창으로 난장판이 되어 있는 것이었다. 정신없이 가재도구를 확인하는 중에 안방에서 조그마한 쪽지 하나가 발견됐다.
"연극 잘 보셨나요? 세상에 공짜는 없답니다."

남자 따라 달라요

- 잘생긴 남자가 윙크하면
"부킹제의"

- 못생긴 남자가 윙크하면
"꼴값"

- 멋진 남자가 손을 잡으면
"세련된 제스처"

- 재수 없게 생긴 남자가 손을 잡으려 하면
"성희롱"

- 짝사랑하는 남자가 몸을 기대면
"애정표현"

- 관심도 없던 남자가 몸을 기대면
"성추행"

- 사랑하는 이가 앞서가면
"에스코트"

- 싫어하는 이가 따라오면
"납치시도"

어느 도둑의 변명

판사가 도둑에게 물었다.

"피고는 돈뿐만 아니라 시계, 반지, 옷, 진주 등도 함께 훔쳤죠?"

그러자 피고가 대답했다.

"네, 사람은 돈만 가지고는 행복할 수 없다고 배웠기 때문입니다."

어느 경찰이 뽑은 황당 사건 5(1)

5위. 짬뽕 덜 먹었는데… '배달그릇 내놔라.' 하는 중국집 주인 아저씨 때문에 화가 나 서로 폭행한 혐의.

4위. 어느 야산에 자살하러 올라갔다가, 갑자기 너무 추워 불 피우다 산불 낸 사건.

3위. 회식 중 재미 삼아 여종업원에게 똥침 놓아 입건된 사건.

2위. 열차 안에서 지독한 발냄새 때문에 폭발물로 오인한 소동.

1위. 수영장에서 대변 보고 도망친 범인으로 인해, 수영장 측이 수영도 할 수 없는 좁은 소형 풀로 몰아넣어 콩나물시루를 만들어 놨다며 이용객들이 분통을 터뜨린 사건.

 경찰과 유머

경찰과 신문기자

한 육교 밑을 정복 입은 경찰이 무단횡단하고 있었다.
그 뒤를 따라 어느 젊은이도 무단 횡단했다.
자동차가 씽씽 달리는 길을 용케도 잘 건너간 경찰이 뒤따라 오는 젊은이를 불러 세우고 물었다
"당신 뭐야? 왜 무단 횡단하는 거야?"
젊은이 : "당신은 뭔데 무단 횡단하는 거요? 경찰은 무단횡단 해도 된다는 법이 있소?"
경찰 : "나는 사건 신고 받고 빨리 현장으로 가야 하기 때문에 급해서 그랬소."
젊은이 : "나는 당신이 급히 가는 걸 보고 무슨 사건이 터진 줄 알고 취재하러 당신 뒤를 따른 거요."

 경찰과 유머

나도 처음이야

택시운전사가 횡단보도를 건너는 한 할아버지를 미처 보지 못하고 달리다가 그만 살짝 치고 말았다.

깜짝 놀란 운전사가 할아버지를 병원으로 모셔가면서 툴툴댔다.

"운전경력 30년에 사람 치어 보기는 처음이네…."

그러자 화가 난 할아버지가 쏘아붙였다.

"이놈아! 나도 70년 동안 걸어 다녔지만 차에 치이기는 이번이 처음이여."

 경찰과 유머

어느 노부부

어느 노부부가 TV를 보다가 비슷한 연령대의 부부가 퀴즈 프로그램에 나온 것을 보고는 우리도 한번 나갈 실력이 되는지 확인해보자며 퀴즈 연습을 하는데 할아버지가 문제를 냈다.

문제의 답으로 설정한 것은 '주차금지'.

"아~!! 차를 여기다 세우면 안된다는 것을 4글자로 뭐라고 하지?"

"웅~ '대지 마라'"

"이그, 그거 말고 다른 말로~ 다른 말 있잖여~!!!"

"아~아~~ '딴 데 대라'"

"됐어~관둬~."

부부가 지켜야 할 교통법규

1. 일방통행

- '너는 너, 나는 나' 하는 식의 일방 통행자는 부부 교통법규의 첫째 항목에서 딱지를 떼어야 합니다.

2. 차간 거리유지

- 앞차와 뒤차가 너무 가까우면 충돌하기 쉽고, 너무 멀어지면 다른 차가 끼어듭니다.
- 부부간에도 지나치게 가까우면 충돌의 원인이 될 수도 있고,
- 반대로, 상대에게 너무 무심하면 부부 사이에 제3의 인물이나 장애물이 끼어들 수 있습니다.

3. 경적금지

- 자동차의 경적으로 인한 피해가 큰 것처럼, 당신의 지나치게 큰 목소리는 상대방에게 스트레스를 줍니다.

4. 추월금지

- 무리하게 경쟁적으로 추월하는 일 때문에 서로 부딪혀서 대형사고가 납니다.
- 부부가 상대방을 경쟁상대로 생각하거나 상대방을 무시하면

사고가 납니다.

5. 차선위반

- 차선은 생명선입니다. 부부는 서로의 개성이 다르기 때문에 그것을 존중해야 합니다. 각자의 차선을 가면서 서로 도와주는 것이 바람직합니다.

6. 신호위반

- 배우자의 얼굴이 빨간 신호인지 파란 신호인지 알고 행동해야 현명합니다. 파란 신호를 기다리는 인내심도 필요합니다.

 경찰과 유머

대리 운전자의 성(姓)

회사 직원들과 술 한잔 거나하게 걸친 조 과장, 대리운전자를 불렀다.
최 대리, 박 대리 동료들과 서로 헤어지던 찰나 대리운전자가 도착했다.
조 과장이 큰소리로 "야, 양 대리!" 하고 불렀다.
그러자 대리운전자 왈(曰), "저는 김씨, 김 대린데요."

 경찰과 유머

뒤집힌 강간죄

어느 바람둥이가 강간죄로 고소당해 구속됐다. 감방에 갇힌 바람둥이가 고참 수감자들에게 입실 신고식을 치렀다.
감방장 : 인마 너는 왜 들어왔어?
바람둥이 : 어느 과부와 연애를 했는데 아, 글시 그녀가 살림 차리자고 매달리지 않겠수?
그래서 그녀를 다시는 안 만나 줬더니 강간했다고 이렇게 고소를 했지 뭐 유.
얼마 후 바람둥이의 결심공판 하루 전날 밤. 감옥도사 감방장이 바람둥이를 불러 귀띔을 해 주었다
"내일 판사가 네게 징역 1년을 선고할 것이다. 그때 너는 이렇게 말해라"
마침내 바람둥이의 결심공판 날
감방장의 예상대로 판사가 징역 1년을 때렸다
바람둥이 : 판사님 딱 한 번 하고 1년씩이나 콩밥을 먹는다는 것은 정말 억울합니다.
그러자 법정에 나와 있던 고소인 과부.
"판사님 한 번이 아니에요. 스무 번도 더 당했어요."
과부는 여러 번 강간을 당했다면 그만큼 죄가 무거워질 것이라고 생각해서 한 항변이었다.

 경찰과 유머

그러자 판사가 엄숙한 목소리로 말했다.
"본 사건 조금 전 선고를 취소하고 무죄를 선고한다."

판결 이유는 이렇다.
'강간이란 한 번은 있을 수 있으나 20여 번이나 했다면 그건 합의에 의한 것이지 강간이 될 수 없다.'

 경찰과 유머

사기의 본질

판사 : 어떻게 당신을 믿는 사람들을 상대로 사기를 칠 수가 있단 말이오?
죄수 : 저를 믿지 않는 사람들은 사기를 당하지도 않기 때문이죠.

무당벌레의 사기 행각

점(占)을 보러 온 곤충들을 속여 거액을 갈취해 온 무당벌레가 경찰에 잡혔다.
무당벌레는 하루살이에게 "재물을 바치고 굿을 하면 영생을 얻을 수 있다"고 현혹시켰는가 하면, 모기에게 "부적을 붙이고 사람의 피를 먹으면 잠자리가 될 수 있다"고 속여 가짜 부적을 팔아 온 혐의를 받고 있다.

아버지의 이중성

평소 너무나 엄격하고, TV에서 키스 장면이라도 나오면 혀를 쯧쯧 차며 세상 말세라고 외치는 아버지 때문에 음란물의 음자도 구경을 할 수 없었던 철수는 친구들의 말을 듣고, 야동 인터넷 사이트에 들어가 보았다.

그런데 회원으로 가입을 하지 않으면 많은 구경을 할 수 없어 감질난 철수는 더 많은 것을 보고 싶은 욕망에 가입을 결심했다. 그래서 아버지 주민등록번호로 가입을 하기 위해 떨리는 마음으로 아버지 주민등록번호를 입력하고 회원 가입 버튼을 눌렀다.

그런데 갑자기 화면에서 이런 글귀가 떴다.

"고객님께서는 이미 회원 가입이 되어 있습니다. 비밀번호를 누르시고 로그인해 주십시오!"

 경찰과 유머

인질범

어느 인질범이 한 할머니를 납치해서 인질로 잡아 놓고 며느리에게 전화를 걸었다.

인질범 : 너의 시어머니를 내가 데리고 있다. 1000만 원 가져오면 풀어주마.
며느리 : 어림없는 소리하고 있네. 네 맘대로 해.
인질범 : 그래? 좋아. 그렇다면 도로 데려다 주지.
며느리 : (당황하고 다급한 목소리로) 여보세요?

인질범과 며느리

인질범이 돈이 많아 보이는 할머니를 납치한 뒤 며느리에게 전화를 걸었다.

"너희 시어머니는 내가 데리고 있다. 1억을 가져오면 풀어주마."

그러자 며느리가 말했다.

"어림없는 소리. 네 맘대로 하세요."

그러자 인질범이 당황하며 말했다.

"좋다. 그럼 너희 시어머니를 집 근처에 데려다 놓겠다."

당황한 며느리가 다급한 목소리로 말했다.

"성질도 급하시긴. 은행 계좌번호가 어떻게 되죠?"

며느리 겁주는 법

시집살이가 고달픈 며느리가 바쁜 오전의 집안일을 마치고 숨을 돌리려는데 전화가 걸려왔다. "여보세요?"

아무 대답 없이 망설이는 듯 하더니 상대방의 목소리가 들렸다.

"그 집에 이옥순이라는 할머니 계시죠?"

"그런데요, 저의 시어머니신데… 왜 그러세요?"

"그렇군요! 흠~~." "무슨 일인데요?"

"저… 제가 납치를 했습니다. 좋은 말로 할 때 500만 원만 보내세요!"

"어머나!"

한참을 생각하던 며느리가 작심한 듯 말했다.

"돈 없어요!"

그러자 이번에는 납치범이 강하게 다시 말했다

"없단 말이죠? 그렇다면 후회 마세요! 할머니를 곧바로 집으로 보내드리겠습니다."

그러자 며느리가 황급히 말했다.

"여보세요! 잠깐만요! 바로 돈 보내드릴게요. 진작 그렇게 말하시지…."

남편의 걱정

"얼굴이 근심스러워 보여. 무슨 일이 있는 거야?"
"응, 우리 마누라 때문에 걱정이 많아."
"왜?"
"마누라가 아침 일찍 외출을 했는데 아직까지 집에 들어오지 않아. 납치를 당했거나, 강도에게 당했을지도 몰라. 아니면… 지금까지 쇼핑을 하고 있는지도 모르고. 제발 쇼핑하고 있는 것만 아니었으면 좋겠어…."

너무 가난해서…

끔찍한 유괴 사건이 발생하자, 이 소식을 들은 철수 엄마가 철수에게 말했다.

"애야, 앞으로 사람들이 우리 집에 대해서 묻거든 무조건 우리 집은 너무너무 가난하다고 말해라."

그러던 어느 날 학교에서 선생님이 글쓰기 숙제를 내주셨다.

제목은 '우리 집'이었다.

철수는 예전에 엄마가 하신 말씀이 생각나서 이렇게 써서 냈다.

"우리 집은 너무나 가난하다. 엄마도 아빠도 가난하고, 유모 아줌마랑 가정부 아줌마도 가난하다. 정원사 아저씨랑 운전사 아저씨도 가난하고, 수위 아저씨도 무지 가난하다."

 경찰과 유머

강도의 어리석음

한 강도가 은행을 털기 위해 잠입했지만,

경찰에 포위당하고 말았다.

포위를 뚫고 나가기 위해 은행원들을

인질로 잡자 경찰이 협상을 요구했다.

"인질을 풀어주면 원하는 것을 다 주겠다. 진정 원하는 게 뭐냐?"
그러자 강도가 말했다.
"초, 총알을 달라."

절대로 이길 수 없는 마누라

두 여자가 만나 커피를 마시고 있었다.

한 여자가 말했다.
"우린 결혼한 지 근 20년이 다 되었지만 한 번도 싸운 적이 없어."
그러자 친구가 물었다. "정말? 어쩜 그럴 수가 있니? 남편이 이해심이 많은가봐?"

"응, 우린 어떤 일에 대해 서로 의견이 다른 경우가 있지만 내 생각이 옳을 경우 남편은 늘 내 생각을 따라줘."
"그럼 간혹 남편이 옳고 네 생각이 틀렸을 때는 어떻게 해?"
"응, 지금까지 그런 일은 한 번도 없었어."

 경찰과 유머

두들겨 패서는 안되겠어

어느 날 아들 녀석 방을 청소하던 엄마는 벽장 속에서 성인용 잡지를 발견했는데, 주로 매를 맞으면서 성적 쾌감을 느끼는 갖가지 장면을 담은 것이었다.
엄마는 큰 충격을 받았다. 그 잡지를 숨겨뒀다가 아빠가 돌아오자 내보였다.
아빠는 그것을 보고 나서는 아무 소리 않고 엄마에게 돌려줬다.
마침내 엄마가 "어떡해야죠?"하고 물었다.
아빠는 엄마를 바라보며 말했다.
"글쎄, 두들겨 패서는 안 되겠군."

개 이야기

한 남자가 개 가게 주인에게 와서 화를 내며 항의했다.
"똥개를 개라고 팔아먹어!"
왜 그러냐고 묻자, "지난밤 집에 도둑이 들어 100만원을 훔쳐 갔는데 한 번도 짖지 않았어요."
그러자 주인 왈(曰),
"이것 보세요? 이개는 부잣집에서 키운 개라 100만 원 정도 도둑맞는 것은 눈도 까딱 안 해."

# 경찰과 유머

어떤 경찰이 뽑은 황당 사건 5 (2)

▲5위 : 야산에 자살하러 올라갔다가 너무 추워서 불 피우다 산불 낸 사건.

▲4위 : 열차 안에서 발 냄새 때문에 폭발물 '소동'.

열차 안에서 양말을 벗은 승객 때문에 발 냄새를 폭발물에 비유하며 서로 싸우는 소리를 진짜 폭발물 설치로 잘못 알아들은 한 승객이 철도청에 신고하는 바람에 경찰 타격대가 출동.

▲3위 : '수영장서 대변 보고 도망' 인분이 둥둥.

대구 달서구 두류수영장 대형 풀에 '인분 덩어리'가 둥둥 떠다니는 것이 발견돼 수영장 이용객들이 놀라 대피.

▲2위 : 사우나서 잠자던 남자 성기 깨문 사건.

대구중부경찰서는 사우나 수면실에서 잠을 자던 배모씨의 성기를 깨문 혐의로 이모씨를 불구속 입건. 이씨는 이날 만취한 상태에서 대구시 모 사우나 수면실에서 옆에서 잠을 자던 배씨의 성기를 깨물고 흔든 혐의. 경찰에서 이씨는 "술에 취해 성기를 어묵으로 착각했다"고 진술.

▲1위 : 목욕탕 수면실서 다른 남성 성기 만진 사건.

경찰과 유머

대구 성서경찰서는 목욕탕 수면실에서 자고 있던 다른 남성의 성기를 만진 혐의로 이모씨를 입건. 이씨는 한 목욕탕 수면실에서 자고 있던 박모씨의 성기를 2분여 동안 '쓰다듬은' 혐의. 이씨는 경찰조사에서 "너무 탐스러워 만졌다"고 진술.

 경찰과 유머

잔혹한 아내

교수형(絞首刑)을 선고받은 사내에게 아내가 최후의 면회를 왔다. 아내가 말했다.
"여보, 사형 현장을 아이들에게 보여주고 싶은데요."
"절대 안돼!"
"그래요. 정말 죽을 때까지 당신답군요. 여태까지 살아오면서 당신은 한 번도 아이들을 즐겁게 해준 적이 없었지요."

어머니의 유머

영희가 어머니와 함께 차를 타고 가는데 어머니가 갑자기 끼어드는 경찰차를 보면서 하시는 말씀,
"민중의 방망이가 뭐하는 짓이야?"
(ㅋㅋㅋ 지팡이인데)

어머니가 백화점 명품백 이미테이션을 보고,
"야, 저런 거 다 애니메이션이야!"

그리고 밥상의 진수성찬을 보고 어머니 한 말씀,
"세상에 오늘 밥상은 진수반찬이네."

도둑의 변명

한 도둑이 잡혔다.
경찰 : 당신은 절도죄요.
도둑 : 참, 어이없네. 난 그냥 새끼줄을 주웠을 뿐이오.
경찰 : 새끼줄 끝에 뭐가 달린 줄 아시오?
도둑 : (긴 한숨을 쉬며) 나도 이런 줄 몰랐다오. 나중에야 소가 매달려 있다는 것을 알았단 말이오.

도둑이야기

두 도둑이 죽어 저승에 갔다.

한 도둑은 남의 재물을 훔쳐 지옥에 갔고, 한 도둑은 남의 슬픔을 훔쳐 천당에 갔다.

 경찰과 유머

웃고 죽은 이유

시체실에 3명의 시체가 왔다
그런데 시체가 모두 웃고 있는 것이다.
그래서 검시관이 경찰에게 물었다.
"아니 시체들이 왜 웃는 거요?"
"첫 번째 시체는 1억 원짜리 복권에 당첨 되어 심장마비로 죽은 사람입니다."
"두 번째 사람도 심장마비인데 자기 자식이 1등 했다고 충격 받아 죽은 사람입니다."

검시관은 나머지 한사람에 대해서 물었다.
"그럼 세 번째 사람은?"
그러자 경찰이 말했다.
"세 번째 사람은 벼락을 맞았습니다."
"벼락을 맞았는데 왜 웃고 있어?"
"번쩍거리기에 자기 사진 찍는 줄 알고 웃었답니다."

거래은행

철통같은 경비와 안전장치를 뚫고서 은행 본점만을 털어 온 대담한 은행강도가 경찰의 수사망을 피해 다니다가 끝내 붙잡히고 말았다.
잡혀가는 범인에게 기자들이 몰려들었다.
"어떻게 은행의 경비망과 경찰의 수사망을 뚫었습니까?"
"특수의 변장술과 민첩한 행동으로……"
"유일하게 털리지 않은 은행이 있었는데, 그 이유는 뭡니까?"
"아, 그 은행이요. 거긴 내 돈을 관리해 주는 은행이거든요."

 경찰과 유머

진짜 중요한 사람

기사가 피곤한 모습을 보이자 딱하게 여긴 교황이
직접 차를 몰려고 운전기사에게 자리를 바꾸자고 했다.
그러나 오랜만에 핸들을 잡아 운전이 서툰 교황은
신호위반을 했고, 그만 교통경찰에게 걸리고 말았다.
그 경찰은 차 안을 들여다보고는 본부에 연락을 취했다.
경찰은 상관에게 매우 중요한 인물을 태운 차가 위반에 걸렸
다고 보고했다.
상관이 물었다.

"그 인물이 시장(市長)보다 더 중요한가?"

경찰은 그렇다고 대답했다. 상관이 또 물었다.

"그럼 대통령보다 더 중요한가?"

"네에……."

또다시 상관이 물었다.

"도대체 그 사람이 얼마나 중요한 인물인가?"

"글쎄요, 잘은 모르겠지만 교황을 운전기사로 고용하고 있단
말입니다."

맹구야 너 왜 그러니?

맹구는 버스를 타려고 정류장에서 기다리고 있었다.
어느 버스를 타야 하는지 몰라서 주위를 둘러보았다.
마침 경찰이 지나가고 있었다.
맹구는 경찰에게 물었다.
"경찰 아저씨, 신촌에 가려면 몇 번을 타고 가야 하나요?"
그러자 경찰은 친절히 대답했다.
"여기서 기다리면 70번 버스가 올 거예요. 그것을 타면 신촌으로 갑니다."
그리고 경찰이 몇 시간 뒤, 다시 버스정류장을 지나가다가 맹구가 아직도 정류장에 서 있는 모습을 보고 놀라서 달려갔다.
"아니, 아직 버스가 안 왔나요?"
맹구가 씩 웃으며 대답했다.
"걱정 마세요. 방금 68번째 버스가 지나갔으니까, 두 대만 더 기다리면 돼요."

상담료

다람쥐 두 마리가 숲 속을 걷고 있었다.

앞에 가던 다람쥐가 도토리를 발견하고 "도토리다." 라고 소리 지르자, 뒤에 가던 다람쥐가 펄쩍 뛰면서 도토리를 잡은 뒤 "내 거다." 라고 말했다.

"그건 불공평해, 내가 먼저 봤잖아."

"그래, 네가 먼저 봤을지도 모르지. 그러나 내가 잡았는 걸."

"그럼, 이 문제는 변호사 다람쥐에게 풀어 달라고 하자."

두 다람쥐는 변호사 다람쥐에게 갔다.

변호사 다람쥐는 도토리를 달라고 하여 받아 들고는 두 조각을 냈다.

"이렇게 해결하면 되지." 하면서 도토리 껍질 반 개씩을 나눠 줬다.

그러고는 알맹이는 본인의 주머니에 넣는 게 아닌가. 이에 화가 난 다람쥐.

 경찰과 유머

"아니! 알맹이는요?"

"이건 내 법률 상담료야."

명변호사란

한 변호사(辯護士)는 자기가 변호한 사람치고 석방 안 된 사람이 없다고 늘 큰소리쳐 사건 의뢰인을 많이 모으고선 이렇게 말했다.

"아무리 최악의 경우라도 만기석방으로 다 풀려 나왔다."

돈 갚을 타이밍

변호사 둘이 은행에 있는데 갑자기 무장 강도가 침입했다. 강도 중 몇 명이 창구 직원들로부터 돈을 챙기는 동안 다른 강도들은 변호사를 포함한 고객들을 벽에 나란히 세우고 지갑이며 시계 등을 빼앗기 시작했다. 그 와중에 A변호사가 B변호사의 주머니에 뭔가를 억지로 쑤셔 넣었다.

"이게 뭐지?"

"내가 자네한테 빌렸던 500만원이야."

 경찰과 유머

범인의 특징은?

범죄학을 강의하는 교수가 학생들에게 범인의 사진을 살짝 보여준 뒤 특징을 말해보라고 시켰다.

학생 1 : 눈이 하나밖에 없는 못생긴 사람입니다.

교수 : 이 사진은 얼굴 옆에서 찍은 것이기 때문에 눈이 하나밖에 없는 것처럼 보이는 것입니다.

교수는 실망을 하며 다른 학생에게 똑같은 질문을 했다.

학생 2 : 저는 귀가 하나밖에 없는 사람들을 모조리 잡겠습니다.

교수 : 똑같은 설명을 하기에 지겹다는 듯) 아, 글쎄 이 사진은 옆에서 찍은 거라고 말했잖아요.

그러자 맨 뒷줄에 앉은 학생이 자신 있게 말했다.

학생 3 : 범인은 콘택트렌즈를 하고 있습니다.

교수 : 맞았어! 그런데 이 사실을 어떻게 알았죠?

학생 3 : 그거야 쉽죠. 범인은 눈이 하나이고 귀도 하나이기 때문에 안경을 쓸 수 없기 때문입니다."

과태료

어느 여인이
길 가다가 소변이 마려워 길가에서 앉아
소변을 봤다.

이것을 본,
경찰관이 다가가서 경범죄 과태료를 2만원을 부과했다.

바로 그 때,
뒤쪽에서 남자가 소변을 보았다.
경찰은 남자에게 과태료 4만원을 부과했다.

기분이 상한 남자가 신경질을 내며 물었다.

"저 여자는 2만원인데 나는 왜 4만원이요."

"당신은 흔들었잖아!!"

 경찰과 유머

50:50

어느 보신탕집 주인이 개고기에 말고기를 섞어 팔았다는 죄로 법정에 섰다.

재판장이 개고기와 말고기를 어떤 비율로 섞었는지 물었다.

식당주인은 경건하게 선서를 하고 대답했다.

"50 : 50으로 섞었습니다."

판사는 죄는 밉지만 그래도 같은 비율로 섞은 게 참작이 된다며 벌금형에 처했다.

재판이 끝난 뒤

한 친구가 식당주인에게 정말 50 : 50으로 섞었냐고 물었다.

그러자 식당주인이 씨~~~익 웃으며 말했다.

"응~ 개 한 마리에 말 한 마리."

경찰관과 아내

얼굴에 수심이 가득한 남자가 시내 길에서 승용차를 몰며 경찰차와 요란하게 추격전을 벌이고 있었다.

하지만 아무리 열심히 달려본들 경찰차를 이길 수 없었는데..

이윽고 정지한 남자의 차에 경찰관이 다가와서 물었다.

"당신! 아까 시내에서부터 경찰의 정지신호를 무시하고 도망간 이유가 뭐요?"

그러자 남자가 긴 한숨을 쉬며 말했다.

"제 마누라가 경찰관하고 눈이 맞아서 도망을 갔습니다."

"그게 당신이 불심검문에 불응하고 도망친 것과 무슨 관계가 있소?"

그러자 남자가 맥없이 대답했다.

"정말 죄송합니다. 전 그 경찰관이 제 마누라를 돌려주려고 따라오는 줄로만 알았습니다."

 경찰과 유머

입석과 좌석의 차이

어느 날 경찰이 유흥가를 순찰하고 있었다.
한 여인이 비틀거리며 골목길로 접어들더니
갑자기 주저앉아 일을 보기 시작했다.
경찰은 미소를 지으며 여인에게 다가가
경범죄를 적용시켜 4만원의 벌금을 부과시켰다.
그 뒤에서는 남자가 일을 보고 있었는데
경찰은 남자에게는 2만원의 벌금을 부과시켰다.
순간 여자는 화를 내며 말했다.
아니~, 저 남자는 2만원이고, 나는 왜 4만원이에요?
그러자 경찰이 웃으며 대답했다.
저 남자는 입석이고, 당신은 좌석이잖아.!!!!!!!
뒤에 다른 경찰이 와서 남자에게 4만원을 부과했다.
그 남자가 "왜 또 두 배야?"라며 화를 냈다.
  그러자 뒤의 다른 경찰이 "흔들었으니까!"

고성방가

초등학교 3학년 어린이들에게 문제를 냈다. 술에 취해 거리에서 큰소리를 지르거나 노래를 부르는 것을 사자성어로 무엇이라고 하는가?

아이들의 답이 제각각 이었다
"고음 불가"
"이럴 수가"
"미친 건가"
그런데 한 아이의 답에 모두가 뒤집어졌다.
"아빠인가"

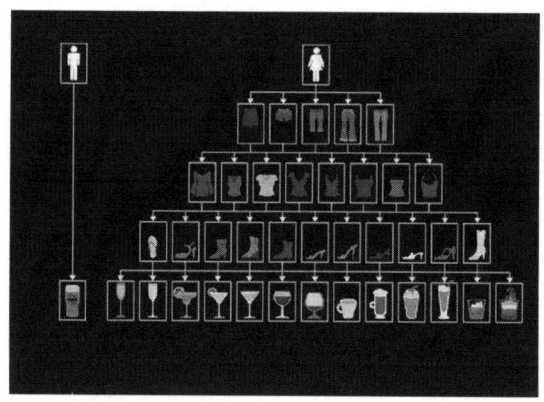

 경찰과 유머

불쌍할 때

남편 독살 피의자를 검사가 심문하고 있다.
검사 : 남편이 독이 든 커피를 마실 때 양심의 가책을 조금도 못 느꼈나요?
피의자 : 불쌍하다고 생각한 적도 있었죠.
검사 : 그때가 언제였죠?
피의자 : 커피가 맛있다며 한 잔 더 달라고 할 때요.

 경찰과 유머

진짜 지옥

일평생 죄를 지으며 산 사내가 지옥에 떨어지자 그곳의 문지기가 말했다.
"네가 갈 지옥을 선택하거라."
문지기는 사내를 끌고 첫 번째 방으로 갔다.
그곳에는 사람들이 인간의 모습이 아닌 모양으로 엎어져서 계속 맞는 사람이 있었다.
두 번째 방 사람은 온몸을 쇠사슬로 휘감은 채 악마들에게 불꼬챙이로 고문을 당하고 있었다.
첫 번째, 두 번째를 거절하고 사내는 마지막 방으로 갔다.
그 방 안에서는 늙고 추한 사내가 멋지고 늘씬한 금발 미녀와 키스를 하며 사랑을 나누고 있었다.
이 모습을 보고 환희에 찬 사내는 소리쳤다.
"여기로 하겠소!"
그러자 문지기가 문을 벌컥 열며 소리쳤다.
"이봐, 여자! 너 밖으로 나와. 이제 넌 구원받았어!"

 경찰과 유머

이런 전화 하지 마세요

▲도둑을 신고하려고 경찰서에 전화를 했습니다.
그랬다가 욕만 먹었습니다.
내 마음을 훔쳐간 그 사람을 신고하려 했는데….
물적 증거가 없다고 욕만 먹었습니다.

▲불이 났다고 소방서에 전화를 했습니다.
그랬다가 욕만 먹었습니다.
사랑하는 마음에 불이 났다고 신고하려 했는데….
장난하냐고 욕만 먹었습니다.

▲심장이 터질 것 같다고 병원에 전화를 했습니다.
그랬다가 미쳤냐고 욕만 먹었습니다.
그대 사랑하는 마음이 터질 것 같아서 전화했는데….
냉수마찰이나 하라며 욕만 먹었습니다.

▲전화국에 전화를 했습니다.
그랬다가 또다시 욕만 먹었습니다.
그 사람과 나만의 직통전화를 개설해 달라고 전화했다가….
어디서 생떼 쓰냐고 욕만 먹었습니다.

▲은행에 전화를 했습니다.
그랬다가 정신병자라고 욕만 먹었습니다.

 경찰과 유머

사랑하는 마음을 저축하고 이자로 키우고 싶다고 했다가….
은행은 돈만 받는다고 욕만 먹었습니다.

영화 등급매기기

한적한 곳에 차가 세워져 있다.

1. 연소자 관람가
→ 승용차 안에 연인으로 보이는 두 사람이 환한 미소를 지으며 손을 맞잡고 있다.

2. 중학생 이상 관람가
→ 아까 그 두 사람이 키스를 한다.

3. 고등학생 이상 관람가
→ 남자의 손이 여자의 옷 속으로 들어간다.

4. 연소자 관람불가
→ 그들이 차 시트를 젖히고 눕는다.

남자가 여자 위로…왠지 두 사람의 숨이 가쁘다.

5. X등급
→ 이런, 두 사람 모두 남자다.

6. 판정불가
→ 젠장, 한 사람이 더 있었다.

학교폭력과 왕따

"엄마, 나 학교 못 다니겠어!"

"아니, 왜?"

"애들이 나만 왕따시킨단 말이야~."

"휴…그래도 어떻게 해! 네가 선생인데….''

한국에 테러가 일어나지 않는 이유

알카에다 소속 3명이 테러를 하기 위해 한국에 입국했다.

이들은 비자 문제와 테러모의 때문에 위장 취업을 하기 위해 모두 공장에 취업했다.

그런데 테러를 모의해야 하는데 서로 통화할 시간도 없이 한국 사장님들이 일을 시켰다.

맨날 12시간씩 넘게 일하고 숙소에 가자마자 피곤해서 자빠져 잤다.

임금이 밀리자 이들은 사장한테 항의했다.

그러다 미친 사장한테 열나게 얻어터지고 경찰에 연행됐다.

결국 이들은 불법체류자로 추방됐다.

현명한 알바

한 청년이 어느 편의점에서 강도질을 했다. 알바가 돈을 강도의 가방에 담는 사이 진열대의 술을 본 강도는 그 술도 가방에 함께 넣으라고 요구했다.

그러자 알바가 말했다.

"혹시 미성년자 아닌가요?"

그러자 강도는 선뜻 신분증을 보여줬다. 미성년자가 아니라는 사실과 함께 이름과 주민등록 번호를 확인한 점원은 술을 가방에 담았다.

그로부터 두 시간 후 강도는 경찰에 체포됐다.

 경찰과 유머

밥줄

주차할 곳을 찾아 주변을 몇 바퀴나 돌던 한 남자가 결국 주차 금지 구역에 차를 대며 다음과 같은 메모를 써 놓았다.

『경찰관 귀하.

저는 이 주변을 20바퀴나 돌았으나 결국 주차할 곳을 찾지 못했지요. 저는 중요한 약속이 있는데 만약 지키지 못하면 밥줄이 끊긴답니다. 그러니 제발 저의 죄를 사하여 주옵소서.』

한참 후 용무를 다 마치고 돌아온 남자는 차 앞유리에 주차 위반 딱지와 함께 붙어 있는 또 한 장의 쪽지를 발견했다.

『차주에게.

저는 이 주변을 20년이나 돌았지요. 만약 제가 주차 위반 딱지를 떼지 않으면 제 밥줄이 끊긴답니다. 제발 저를 시험에 들게 하지 마세요.』

 경찰과 유머

원인

순찰을 돌던 경찰이, 싸우는 두 사내 옆에서 "아빠! 아빠!" 하며 울부짖는 꼬마를 발견했다.

경찰은 두 사람을 떼어놓고 꼬마에게 물었다.

"꼬마야, 어느 쪽이 네 아빠니?"

그러자 꼬마가 눈물을 닦으며 대답했다.

"나도 몰라요, 그것 때문에 싸우고 있는 거라고요!"

 경찰과 유머

경찰견

개와 함께 산책을 하고 있던 한 나이 많은 여인이 수퍼마켓에 들르려고 했다. 그런데 슈퍼마켓에는 개를 데리고 들어갈 수 없었기 때문에 그녀는 길가의 소화전에 개를 묶어 놓았다. 그녀가 개를 묶어놓자 마자 근처에 있던 묶어 있지 않은 개들이 무방비 상태에 놓인 개에게 달려들어 코를 킁킁거리며 냄새를 맡았다. 때마침 그 옆을 지나가던 경찰관이 그 광경을 보고 그녀에게 개를 그곳에 묶어두지 말라고 말했다.
그녀가 이유를 묻자 경찰관은 이렇게 대답했다.
"부인, 지금 부인의 개는 발정기(in heat)입니다."
그러자 그녀는 동문서답식으로 대답했다.
"내 개는 뭐든지 잘 먹어요."
"이 개가 새끼를 낳게(bred) 된단 말입니다."
"내 개는 빵(bread)도 잘 먹고, 케익도 잘 먹어요. 주는 것은 무엇이든지 잘 먹어요."
경관은 답답하여 어찌할 바를 모르다가 마침내 이렇게 소리쳤다.
"이 개가 지금 곧 교미를 하게 될거란 말입니다."
그러자 그 여인은 경관의 눈동자를 빤히 들여다보며 말했다.
"그럼 내 개와 동침을 하도록 해요. 그렇지 않아도 나는 늘 경찰견을 갖고 싶었는데."[1]

---

1) 오쇼라즈니쉬(김정우 옮김), 『배꼽우화』, 예지원(1991), 110-111면.

모범 운전자

어떤 가족이 승용차를 몰고 고속도로를 달리는데 경찰이 차를 세웠다. 운전자가 경찰에게 물었다.
"제가 무슨 잘못이라도 했나요?"
경찰이 웃음을 띠며 말했다.
"아닙니다. 선생님께서 안전하게 운전을 하셔서 '이달의 모범 운전자'로 선택되셨습니다. 축하합니다. 상금이 500만 원인데 어디에 쓰실 생각이십니까?"
"그래요? 감사합니다. 우선 운전면허를 따는 데 쓰겠습니다."
그러자 옆자리에 앉아 있던 여자가 황급히 말을 잘랐다.
"아, 신경 쓰지 마세요. 저희 남편이 술 마시면 농담을 잘해서요."

 경찰과 유머

도둑과 환자 : 당신이 무슨 수로

어느 날 밤 환자가 있는 병실에 도둑이 들어왔다.

"꼼짝 마라!"

"누구냐?"

"도둑이다. 가진 돈 모두 내놓아라, 그러면 목숨만은 살려주겠다."

그러자 침대에 누워 있던 환자가 벌떡 일어나며 여간 반기는 것이 아니었다.

"아니, 지금 누굴 놀리는 거요? 의사 선생도 도저히 가망이 없다고 했는데 당신이 날 무슨 수로 살린단 말이오? 제발 나 좀 살려 주시오."

이들의 직업은?

동업자 두 사람이 금요일 오후 일찍 일을 마치고 함께 지방에서 주말을 보내러 떠났다.
나무 그늘에 앉아서 고스톱을 치다가 이들 중 한 사람이 깜짝 놀란 듯 고개를 들며 말했다.
"맙소사, 김형! 금고 잠그는 것 깜빡했어."
"그래서 어쨌다는 거야? 걱정할 것 없어. 우리 둘 다 여기 있잖아"(우리 말고 누가 털겠어)라고 김씨가 말했다.

고소(告訴)할 테면 해보라구

지옥에 있는 온도 조절 장치가 고장 나서 그 열기가 (위에 있는) 천당까지 뻗쳐 천당을 아주 불쾌한 상태로 만들어 놓았다. 성(聖) 베드로는 뿔나팔로 사탄을 향해 "자네 당장 그걸 고치지 않으면 고소(告訴)할 거야"라고 소리쳤다.

이 말을 들은 사탄은 낄낄 웃었다. "어, 그래, 어떻게 말야? 변호사는 모두 여기 아래(지옥)에 있는데, 게다가 훌륭한 기술자는 모조리 당신네 천국에 있으니 도대체 어떻게 수리하란 거야?"(고소할 테면 해보라구).

제2편 정치와 유머

경찰과 유머

정치와 유머를 이야기 하면 코미디언으로 이름을 날린 이주일(1940-2002)씨를 들 수 있다. 코미디언으로 활동하다가 1992년 제14대 국회의원 선거에 국민당 공천으로 경기도 구리시에 출마, 당선되어 4년 동안 국회의원으로 활동했다. 그는 2002년 8월 27일 폐암으로 사망했다. 폐암판정을 받고 투병 중 공익광고(公益廣告)에 출연하여 금연홍보를 하기도 했다.

'못생겨서 미안합니다' 오묘막측한 말로 웃긴 뛰어난 머리가 진 사람"이라며 이주일의 코미디를 김동길은 다음과 같이 전하고 있다.

"여러분 죄송합니다. 여러분께 깊은 사과의 말씀을 하나 드리겠습니다. 그동안 김영삼씨와 박철언씨 관계 개선을 위해 무척 노력을 했지만 뜻을 이루지 못해 정말 죄송합니다." 이주일이 정치에 입문하기도 전이었고 아무런 상관도 없는 정치 이슈를 꺼내 자기 책임이라며 미안하다고 한 것이다. 청중은 폭소를 터뜨렸다. 어느 코미디언도 이주일의 이런 고급 유머 감각과 냉철한 전문성을 따를 수는 없을 것이다.…중략… 4년의 임기를 마치고 국회를 물러나면서 그는 "코미디 공부 많이 하고 갑니다"라며 정치판을 신랄하게 비판했다. 정치인들을 비웃으면서 그는 이렇게도 말했다. "내가 정치 단체들의 '발기 대회'에 많이 참석했습니다. 많이들 떠들지만 전부 거짓말입니다. 나는 아무 효과를 보지 못했어요." 아이들이 알아들으면 안 될 한 토막 코미디![2]

---

[2] [김동길 인물 에세이 100년의 사람들] (7) 이주일(1940~2002) [Why] 외아들 장례 3일 만에 방송 출연… 5천만을 웃긴 희대의 코미디언, 「조선일보」, 2017년 12월 30일, B2면.

경찰과 유머

　아무튼 이주일의 유머는 정치를 잘 풍자했고, 많은 사람들을 웃겨 '3류 정치'에 환멸을 느끼는 국민들의 마음을 시원하게 해주었다. 풍자는 본래 위를 향해서 하는 것이며, 권력을 가진 사람을 향해 하는 것이다. 그 가운데 통렬함이 나오고, 유머를 대하는 국민이 대리만족을 하는 것이라 할 것이다.
　사람 사는 곳에는 갈등과 대립, 싸움이 있기 마련이다. 민주주의 정치의 본산이라고 할 미국이라고 해서 정치가 고상하기만 하겠는가. 거기에도 정적(政敵)에 대한 공격과 독설이 난무하지만, 그 공격과 독설을 부끄럽게 만드는 미국 '유머정치'가 있다.
　미국 역사에서 유머를 가장 잘 활용한 대통령으로는 1980년대 미국 제40대 대통령이었던 공화당의 로널드 레이건(Ronald Wilson Reagan)이 꼽힌다고 한다. 레이건의 유머 감각은 1981년 피격 사건 직후에 빛을 발했다고 한다. 그는 총을 맞은 다음 수술실로 실려 갔고 의사들에게 말했다고 한다. "여러분이 모두 공화당 지지자였으면 좋겠네만…" 뉴욕타임스는 "대통령이 가장 어두운 시간에 유머 감각을 유지해 국민을 안심시켰다"고 평했다.3)
　'여의도'로 일컬어지는 우리 국회의사당에서는 유머나 품위 있는 농담을 듣기 힘들다. 고성과 싸움이 난무하는 '동물국회'에서 언제부터인가 '식물국회'로 전락하여 국민들에게 신명나는 유쾌한 웃음을 선물하지 못하고 있다.
　천년고찰 대흥사(大興寺) 일지암(一枝庵)의 주지 법인 스님도 이주일씨의 말이 생각난다며, "코미디언과 정치인의 같은 점은 한마디로 '웃긴다'는 것이다, 다른 점은 코미디언은 대중

---
3) 독설을 부끄럽게 만드는 미국 유머정치의 힘, 「조선일보」, 2013년 7월 20일, B3면.

을 웃게 하고자 짐짓 웃기고 정치인은 진지한 태도로 진심을 담아 웃긴다는 것이다. 코미디언의 말들은 사람들에게 유쾌한 웃음과 좋은 기분을 선물하지만 정치인의 말은 슬픔과 허탈을 준다."4)말하고 있다.

앞서 이야기 했다. 유머는 시대의 산물이며, 시대상(時代相)을 반영한다고. 제2편 정치와 유머에 실린 유머는 우리 정치인을 희화화(戲畫化 caricature)하거나 경멸할 의도는 없다. 다만 우리 정치, 우리 정치인으로 대표되는 국회의원 등이 국민들 눈에 어떻게 비춰지고 있는가를 보고자 함이다. 아울러 정치 관련 유머를 통하여 우리 정치문화를 이해하고, 유권자로서 주인의식을 갖도록 하기 위함이다. 이러한 유머를 통하여 우리 정치가 한 차원 발전되기를 바란다.

---

4) 법인스님, 거짓말의 피해자는 누구인가, 「경향신문」 2017년 9월 30일, 26면.

 경찰과 유머

정치인이란

중국인에게 있어서는 진정으로 국가를 위한 지도자이고,

일본인에게 있어서는 나에게 이득이 될 때는 섬겨도 되는 사람이고,

한국인에게 있어서는 자기들끼리 몰려다니며 짖어대는 거시기와 같은 존재이다.

배고픈 직업

대한민국에서 가장 배고픈 직업이 정치인이라고 한다. 그 이유가 재미있다.

"늘 밥그릇 싸움 하느라 밥 한 숟가락 먹지 못해서…."

국회의원의 눈엔 국민이 보인다?

어느 초등학교에서 시사 사회문제 중, 이 문제를 틀린 아이는 한 명도 없었는데 문제는 이렇다.

다음 중 틀리게 말한 것을 고르시오.
1. 고기를 잡는 어부의 눈에는 바다가 보인다.
2. 산을 타는 산악인의 눈에는 산이 보인다.
3. 나무를 심는 사람의 눈에는 나무가 보인다.
4. 정치를 하는 국회의원의 눈에는 국민이 보인다.

아이들 모두 정답을 썼다. 4번으로…

 경찰과 유머

공짜 이발

어느 날 이발사가 신부님에게 이발을 해 줬다.
신부가 이발비를 내려 하자 이발사는 "하느님의 일을 하시는 분이잖아요"라며 돈을 받지 않았다.
다음 날 아침, 이발사의 가게 앞에 12권의 성경책이 놓여 있었다.

경찰관이 이발을 하러 왔다.
이발사는 "당신은 시민들을 보호하잖아요."라며 또 돈을 받지 않았다.
다음 날 아침, 이발소 문 앞에는 도넛 12개가 놓여 있었다.

정치인이 이발을 하러 왔다.
이번에도 이발사는 "당신은 국민을 위해 일하잖아요."라며 돈을 안 받았다.
다음 날 아침, 이발소 앞에는 12명의 정치인이 공짜로 이발을 하려고 줄을 서 있었다.

정치인과 기저귀

어느 날 꽃장수가 이발소에 왔다.
이발을 하고는 얼마냐고 물었다.
이발사는 이번 주는 마을을 위해 자선봉사를 하고 있어서 돈을 안 받겠다고 했고 꽃장수는 즐거운 마음으로 이발소를 나왔다.
다음 날 아침 이발사가 출근하니 꽃다발과 함께 감사의 카드가 꽂혀 있었다.

다음 날에는 경찰관이 왔다.
이발사는 또 이번 주는 마을을 위해 자선봉사를 하고 있어 돈을 안 받겠다고 했다.
경찰관도 즐거운 맘으로 이발소를 떠났다.
다음 날 아침 이발사가 출근하니 도넛 한 판과 감사 카드가 꽂혀 있었다.

다음 날에는 정치인이 왔다.
이발사는 이번에도 돈을 안 받겠다고 했다.
정치인은 즐거운 맘으로 이발소를 떠났다.
다음 날 아침 이발사가 출근하니 12명의 정치인이 공짜이발을 하기 위해 줄을 서서 기다리고 있었다.

시민들과 정치인들의 근본적인 차이를 보여주는 것 같지 않나요?
이래서 정치인과 기저귀는 자주 바꿔줄 필요가 있는가 봅니다.

내일은 공짜

어느 중화 요릿집에 '내일은 자장면 한 그릇 공짜로 드립니다.'라는 간판이 붙어 있었다.

공짜라면 사족을 못 쓰는 한 남자가 공짜로 자장면을 먹으려고 벼르고 있다가 다음 날 가서 자장면을 시켰다.

자장면을 다 먹고 감사하다고 인사한 후 나오려니까 "네, 손님. 5000원만 내시면 됩니다."라고 하는 것이었다.

깜짝 놀란 손님. "아니 자장면 공짜로 준다고 해서 들어왔는데요?"

"어디 공짜라고 돼 있습니까?"

손님은 밖에 나가 간판을 보았다.

"여기 공짜라고 돼 있지 않습니까?"

"어디 공짜라고 돼 있습니까? 내일이면 공짜로 드린다고 했죠."

"나는 어제 이 간판을 봤단 말이에요."

"그러나, 간판은 여전히 내일을 가리키고 있잖습니까?"

"그럼 언제 오면 공짜입니까?"

"내일요. 오늘은 항상 돈을 받습니다."

날로 먹는 회

"날로 먹는 회는?"

정답 : 국회!

 경찰과 유머

불량식품

어느 날 모기가 식사 후 배가 아파서 병원에 갔다. 의사모기가 검진을 했다.
의사모기 : 오늘 식사 어디에서 했나요?
환자모기 : 국회의사당에서 했는데요.
의사모기 : 저런… 그러면 그들의 피를?
환자모기 : 예, 그런데요.
의사모기 : 저런, 식중독이에요. 다음부터는 조심하세요. 불량식품이에요.

한강변 모기

어느 날 한강변에서 모기 한 마리를 만났다. 그런데 국회의사당 근방에 사는 이 모기는 다른 모기들보다 빨대가 더 길었다.
왜 그런가 하고 알아봤더니 국회의원들의 얼굴이 두꺼워 피를 빠는 데 더 힘들기 때문이라나.

여의도 모기

한강변에 산책을 갔다가 추위에 떨고 있는 모기 한 마리를 만났습니다.
앞으로 살아갈 일에 대해 걱정이 많더군요. 근데 그 모기는 유달리 주둥이가 다른 모기들에 비해 길더군요.
왜 주둥이가 그러냐고 물으니 자기는 여의도가 본거지라고 하더군요.
가만 들으니 정치인들 얼굴은 두꺼워서 자기처럼 특수하게 발달한 모기만이 살 수 있다고….

출소 후

두 죄수가 감방에 앉아 대화를 나누던 중 한 명이 상대방에게 물었다.
"당신 2주 후에 출소하잖소.
나가면 착실하게 살 거요, 아니면 다시 정치판으로 돌아갈 거요?"

정치인 구인광고

● 당사에서 인재를 초빙합니다.
* 모집기간: 대한민국 말아먹을 때까지
* 모집부문: 정치인
* 모집인원: 000명
* 임   기: 4년(단, 말발 뛰어나고 아부에 능하면 평생 가능
           -의원직 상속은 문의바람)
* 응시자격: 1. 몸싸움 공인(公認) 3단, 국인(國認) 5단 이상
              보유자
              ※ 국인(國認): 국민이 인정한 실력
              2. 돈이나 빽, 성추행 경력, 논문 표절 경력, 인
                 신공격 고단자 중 택1
* 구비서류:
1. 자기소개서 1부 : 얍삽함과 뻔뻔함, 도둑근성을 잘 나타낼
                    수 있도록 작성할 것
2. 이력서 1부 : 주먹질부터 앞서거나 해머·망치·최루탄 등
                을 잘 다루면 10%의 가산점 부여
3. 호적 초본 1부 : 원호적(원적)에서 파내야 함. 합격하고 나
                  면 집안 망신이라고 호적 파라고 난리이
                  므로 맞아 죽기 전에 파내기 위함
4. 본인 통장 사본 : 뇌물 수수 입금시 꼭 필요

 경찰과 유머

★ 특전
1. 모든 범법에 대한 만능 면죄부 제공
2. '콩밥'기간 단축할 징역 할인권 제공
3. 전두완, 로태우씨가 공동 저술한 '콩밥 생활 일주일만 하면 나처럼 될 수 있다' 책자와 육성 테이프 1질 증정
* 접수처 : 의원도(道) 견같군(郡) 밟아주면(面) 조으리(里)

환영 안 하는 이유

어느 날 국회의원들이 정신병원에 위문차 방문했다.
병원장의 안내를 받은 의원 일행이 병실에 들어서자 환자들은 일제히 "민생 문제 해결을 위해 밤낮으로 고생하는 의원님들, 만세~!!"라고 외치면서 대대적으로 환영했다.
그런데 한쪽 구석에서 환영도 하지 않고 멍하니 다른 곳을 쳐다보는 환자가 한 명 있었다.
그래서 방문단의 한 중진 의원이 병원장에게 물었다.
"저 환자는 왜 환영을 하지 않나요?"
그러자 병원장이 대답했다.
"저 환자는 오늘 아침에 제정신으로 돌아왔습니다."

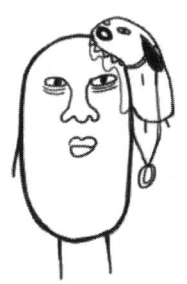

조선시대 왕비들

가장 순한 성격을 가진 왕비는? 순비
요즘 국회의원들이 좋아하는 왕비는? 세비
영화를 가장 좋아했던 왕비는? 무비
공인중개사들이 가장 좋아하는 왕비는? 복비
가장 시끄럽고 남의 말에 잘 넘어가는 왕비는? 냄비
길을 잘 찾는 왕비는? 내비
임금님 수라상에 반드시 오르던 왕비는? 굴비

정치인

선거일에 투표를 마친 사람이 제과점에 들렀다.
계피 빵과 도넛을 고른 후 계산대에 가서 직원에게 그는 농담을 건넸다.
"이 빵들에 칼로리가 없다는 걸 보장할 수 있어요?"
"그럼요, 칼로리는 전혀 없습니다."라고 직원은 정색하며 대답했다.
"그렇게 거짓말을 하면 어디로 가게 되는지 알아요?" 하며 그 손님은 농담을 계속했다.
"그럼요, 국회로 가게 되죠."라고 직원은 응수했다.

공약은 만들면 된다

한 시장 출마자가 악을 쓰며 선거 유세를 하고 있었다.
"시민 여러분! 제가 시장이 되면 이 시(市)에 다리를 만들겠습니다."
듣고 있던 한 시민이 말했다.
"그런데 우리 시에는 강이 없습니다. 어떻게 다리를 놓으실 생각이십니까."
그러자 출마자는 목소리를 높이며 더 크게 말했다.
"그럼 강부터 먼저 파겠습니다."

공약 이행

어떤 대통령 후보자가 서민들을 위해 아파트 값을 파격적으로 내리겠다고 공약(公約)했다.
하지만 지지율이 오르지 않자 이번에는 아파트 값을 껌값처럼 하겠다고 공약했다.
그러자 무주택자들에게서 열렬한 지지를 받아 선거에서 승리하게 되었다.
그 후 대통령이 된 그는 자신의 공약을 기억하고 껌값을 5억 원으로 올렸다.

 경찰과 유머

선거공약

반장 선거 날. 세 명의 후보가 공약 발표를 한다.
첫 번째 후보
모범생 김진수
"내가 반장이 되면 학급 성적을 올리마."
엄청난 야유가 쏟아졌다.

두 번째 후보
부잣집 한상태
"내가 반장이 되면 우리 반 간식, 급식을 모두 해결해 주지."
아이들은 괜찮은 조건이라며 박수를 쳤다.

세 번째 후보
반에서 제일 인기 없는 깡패 왕진걸
왕진걸의 한마디에 엄청난 탄성이 터져 나왔다.
"내가 반장이 되면, 전학 가 준다."

정치인 등급

◆ 잘하는 운동
 -초선 : 운동할 시간이 없어서 민의를 수렴하거나 교통편을 이용할 때 걸어 다니려고 노력한다.
 -재선 : 골프.
 -삼선 : 오늘은 한판 안 붙나? 요새 스트레스가 많이 쌓이는데.

◆ 싸움
 -초선 : 국민의 대표라고 생각하고 서로 존중하기 때문에 싸움이 일어날 수 없다.
 -재선 : 소속 당의 이익을 위해 설전을 불사한다.
 -삼선 : 몸싸움은 보통이고 종종 연장이 사용되기도 한다.

◆ TV
 -초선 : 민생현안 등을 챙기느라 TV 볼 시간은 물론 출연할 시간도 없다.
 -재선 : 가끔 이미지 상승을 위해 TV 체험프로 등에 출연한다.
 -삼선 : 왜 나는 TV에서 싸우는 장면만 나오지?

◆ 국회의원 비판 글 볼 때
 -초선 : 자신이 혹시 그렇지 않은가 하며 반성한다.

 경찰과 유머

─재선 : 가끔 가다 비판이 들리면 불같이 화를 낸다.
─삼선 : 모든 비판이 보좌관을 통해 걸러진다. 그래서 본인에게는 어떠한 비판도 들리지 않는다.

 경찰과 유머

정치인과 농부

정치인들을 가득 태운 버스가 유세에 나서 시골길을 가고 있었다.

시골경치에 푹 빠져든 운전사가 주의를 소홀히 하는 바람에 버스가 그만 깊은 강으로 빠져 버렸다. 인근에 사는 농부들이 요란한 소리를 듣고 달려 나와 사고현장으로 달려가 봤다. 사고를 당한 것이 정치인들임을 본 농부들은 본체만체하고 그만 돌아가 버렸다. 잠시 후 경찰이 조사를 나왔다.

"그래서 정치인들이 죄다 강물에 휩쓸려 가버렸나요? 다들 죽었던가요?" 경찰관이 묻자, 농부들은 이구동성으로 "정치인들 얼마나 생존력이 강합니까? 한 두 명이 겨우겨우 기어 나와서 하는 얘기로는 다들 살아남았다고 하던데, 어디 그들 말을 믿을 수가 있어야죠. 정치하는 사람들 얼마나 거짓말 잘합니까."

거짓말

거짓말을 한마디 하면 지탄을 받지만
거짓말을 한 페이지 하면 선거에서 당선된다.

정치인의 거짓말

정치인은 늘 거짓말만 내뱉는다는데, 그것은 사실이 아니다.
정치인들이 지금 거짓말을 하는 중인지 아닌지를 알고 싶다면 그들의 보디랭귀지(body language)를 이해해야만 한다.
정치인이 본인 코를 만지고 있을 때엔 거짓말을 하고 있는 것이 아니다.
정치인이 본인의 귀를 잡아당기고 있을 때엔 거짓말을 하고 있는 것이 아니다. 정치인이 자기 가슴팍을 긁적이고 있을 때엔 거짓말을 하고 있는 것이 아니다.
정치인 입이 움지럭거리기 시작할 때, 그때 그는 비로소 거짓말을 하고 있는 것이다!

 경찰과 유머

기업인과 정치인의 차이

기업인 : 기억력이 좋다.
정치인 : 심각한 치매 상태다.
기업인 : 최소의 자원으로 최대의 성과를 얻는다.
정치인 : 세금은 최대한 거둬 가는데, 성과가 있는지는 며느리도 모른다.
기업인 : 즐거움을 주고 돈을 받아 간다.
정치인 : 괴로움을 주고도, 돈을 뻔뻔하게 잘만 받아 챙긴다.

술 취하지 않은 취객

파출소 앞 게시판에 국회의원 입후보자의 포스터가 붙어 있었다.
이를 본 술 취한 사람이 경찰에게 비틀거리며 다가가 물었다.
"경찰아저씨! 여기 붙어있는 이놈들은 도대체 무슨 나쁜 짓을 한 놈들입니까?"
"여보세요, 이건 현상수배 사진이 아니라 국회의원 선거포스터예요!"
그러자 술 취한 사람이 말했다.
"아하~! 앞으로 나쁜 짓을 골라서 할 놈들이군요!"

선거구호

1990년대 : 깨끗하고 정직한 사람을 뽑읍시다.
2000년대 : 정직한 사람을 뽑읍시다.
2010년대 : 사람을 뽑읍시다.

 경찰과 유머

묘비명

어떤 사나이가 묘지에 갔다가 다음과 같은 묘비명을 보았다.
'정치인, 정직한 사람, 애처가가 이곳에 묻히다!'
그러자 사나이는 탄성을 질렀다.
"아! 세상에 이럴 수가 있나! 한 무덤 속에 세 사람이 묻혀 있다니!"

정치인의 세탁

중학생 딸아이가 TV에서 정치인들이 싸우는 모습을 보다가 물었다.
딸 : 아빠, 정치는 어떻게 해야 옳은 거야?
아빠 : 우리나라는 깨끗한 정치가 필요하단다.
딸 : 아~ 그래서 정치인들의 세탁이 끊이지 않는구나.
아빠 : 세탁?
딸 : 돈세탁, 경력세탁 말이야.

 경찰과 유머

남편과 국회의원의 공통점

1. 내 손으로 골랐는데 참 싫다.
2. 뒤통수를 친다.
3. 안에서는 싸우고 밖에서 착한 척한다.
4. 약속을 지키지 않는다.
5. 아직도 내가 사랑하는 줄 안다.
6. 내 말은 죽어라 안 듣고 자기 맘대로 하다 패가망신한다.
7. 헤어지려면 절차가 복잡하다.

청와대 비아그라 구입 공식 해명

청와대가 비아그라를 왜 구입했는지에 대한 대변인의 공식 해명. "박근혜 대통령이 모든 참모에게 항상 '서면 보고' 하라고 해서… 안 서면 보고를 할 수 없어서 샀습니다."

정치인의 계획

나사(NASA)가 화성에 보낼 전문가들을 인터뷰하고 있었다.
문제는 단 한 명만 갈 수 있고,
일단 가면 돌아올 수 없다는 것이었다.
면접관이 만난 첫 번째 지원자는 엔지니어였다.
"화성에 가는 대가로 얼마를 받고 싶습니까?"
"100만 달러요. 그리고 그 돈은 모교인 라이스대에 전액 기부하고 싶습니다."
두 번째 지원자는 의사였다.
"200만 달러요. 100만 달러는 가족에게, 그리고 100만 달러는 의학 연구의 발전을 위해 남기고 싶습니다."
마지막 지원자는 정치인이었다.
"얼마를 받고 싶습니까."
질문을 받은 정치인은 면접관의 귀에 대고 속삭였다.
"300만 달러요."
"왜 당신은 다른 사람보다 그렇게 많이 받아야 하지요."
"나한테 300만 달러를 주면 100만 달러는 당신한테 주고, 100만 달러는 내가 갖고, 화성에는 엔지니어를 보내려고요."

아내와 선거

선거에 후보로 출마했던 남편이 개표 후 집에 돌아왔다.
풀이 죽어 있는 남편에게 아내가 말했다.
"그래, 몇 표나 얻었어요?"
"두 표정도 얻었소."
그러자 아내는 남편을 마구 때리며 소리 질렀다.
"당신, 좋아하는 여자 생겼지!"

정치인과의 전화통화

정치인에게 유권자가 전화를 걸었을 때, 상황 따라 이렇게 다르다.

선거 앞두고 : 아이고~ 지금 어디십니까? 제가 바로 그리로 가겠습니다.
당선 후 초반 : 아이고~ 이게 누구십니까? 안 그래도 지금 막 전화하려고….
당선 후 2년 : 제가 지금 회의 중이라서 나중에 전화드리겠습니다.
당선 후 3년 : 제가 지금 좀 바빠서 이만….
공천 탈락 후 : 전화기가 꺼져 있어 음성사서함으로 연결….

정치사건

정치인의 뇌물사건을 다루는 재판이 막바지에 이르자 검사는 한 거물급 증인에게 질문했다.
"사건을 무마하기 위해 2억 원을 받은 게 사실이 아닙니까?"
증인은 그 소리를 듣지 못했다는 듯이 창밖을 바라보고 있었다.
"이 사건을 무마하기 위해 2억 원을 받은 게 사실이 아닙니까?"
검사는 큰 소리로 되풀이했다.
증인은 여전히 묵묵부답이었다.
마침내 판사가 증인 쪽을 바라보며 말했다.
"증인은 질문에 답변하세요."
그러자 정치인이 깜짝 놀라면서 말했다.
"어? 난 당신을 보고 하는 소리인 줄 알았는데…"

 경찰과 유머

최신형 정치인 팝니다

▲모델명 : K-2004(단순무식형)

▲두뇌용량 : 5g(세계 최경량)

▲외장 : 똥배가 강조된 기름지고 미련한 유선형 디자인

▲1일 작동 가능시간 : 정기국회 회기 중 10분 작동하고, 방송 카메라 작동 시 1시간 작동 가능

▲막말 모드 : 700㎿(최신 쌍욕 2만 단어 장착)

▲몸싸움 모드 : 1000㎿(최루탄 사용 능력)

▲옵션 : 날치기 기능, 회기 중 골프·사우나·외유 기능, 비자금 계좌 최대 1000개 운영 기능, 다양한 거짓말 기능, 입법안 무한 보류 기능

▲보증수리기간 : 4년(서비스 센터는 없음)

▲경고 : 진짜 금배지도 유사품과 큰 차이 없음

여야 정쟁(政爭)의 5가지 이유

1. 우리가 받은 돈은 정치자금
   상대가 받은 돈은 불법자금
2. 우리가 거리로 나가면 장외투쟁
   상대가 거리로 나가면 정치실종
3. 우리가 의혹을 제기하면 비리 고발
   상대가 의혹을 제기하면 정치공작
4. 우리가 국회의원을 영입하면 정계개편
   상대가 국회의원을 영입하면 정치파괴
5. 우리에게 유리한 반란표는 소신표
   상대에게 유리한 반란표는 배신표

"How much food are we talking about?"

 경찰과 유머

최고의 정치인

A : 저 사람은 최고의 정치인이 될 거야.
B : 왜 그렇게 생각해?
A : 이 핑계 저 핑계 대면서 교묘하게 상황을 헤쳐나가는 걸 보라고.

훌륭한 정치인의 조건

1. 웅변대회에서 상을 휩쓴다.
    - 목소리 크면 이긴다.
    - 실력은 둘째 치고 무조건 정의의 편을 든다(그러다 옆길로 샌다).
2. 무술을 연마하자.
    - 유도를 배우며 멱살 잡기 실력을 기른다.
    - 호신술을 배워야 멱살 잡힌 걸 풀어낸다.
3. 심리술을 배운다.
    - 거짓말해도 표정하나 안 바뀌어야 함.
    - 웃다가 뒤통수친다.

정치인들에게 배울 점

1. 그들은 많은 사람들에게서 원망을 들어도 자신의 의지를 꺾지 않는 꿋꿋함을 가졌다.
2. 그들은 함께 일하는 동료의 모든 행동을 자신들의 일처럼 느끼는 투철한 동료애가 있다(같이 말려들지도 모르니).
3. 그들은 자신이 하는 일에 대해 연구하고 또 연구하는 성실함을 가졌다(이번엔 사과상자에 넣을까?).
4. 그들은 감옥을 무서워하지 않는 멋진 용기를 가졌다('돈'이라는 무기를 가졌기 때문이다).
5. 자신의 상관 능력을 보고 제거해야 할지 말아야 할지 판단할 수 있는 냉철한 판단력을 가졌다.
6. 무엇보다도 가장 먼저 배워야할 점은 운동선수들에게도 지지 않는 몸싸움 능력을 가졌다는 것이다(멋지지 않은가?).

정치인의 아들

역사를 가르치는 선생님이 숙제를 제때 제출하지 않은 학생을 꾸짖었다.
그러자 그 학생은 숙제를 제때 끝낼 수 없었던 까닭을 차근차근 설명하는 열변을 토했다.
연극조의 그 설명이 끝나자 선생님은 "혹시 집안에 연극하는 사람 있어?"하고 물었다.
학생은 빙긋 웃으면서 대답했다.
"아뇨! 하지만 아버지가 정치인입니다…."

식인종 식당

식인종이 식당엘 가서 메뉴를 보니 정치인 고기가 제일 싼 것이 아닌가?
그는 기쁜 마음으로 주문했다.
음식이 나와 먹고 있는데 제일 좋아하는 간, 쓸개가 없다.
"사장님! 왜 간과 쓸개가 없습니까?"
그러자 주인이 말했다.
"여보시오! 간, 쓸개 있는 정치인 봤어요? 그래서 정치인은 싸게 파는 거요."

 경찰과 유머

값이 비싼 이유

어느 식인종이 정글을 걸어가다가 다른 식인종이 개업한 레스토랑에 다다랐다.
약간의 시장기를 느낀 그는 자리에 앉아 메뉴를 살펴보기 시작했다.
선교사 석쇠구이 : 10달러
탐험가 튀김 : 15달러
정치인 오븐구이 : 100달러

식인종이 웨이터를 불러서 물었다.
"왜 정치인은 가격이 이렇게 비싸죠?"
그러자 웨이터는 대답했다.
"깨끗하게 손질하는 게 얼마나 힘든 줄 아세요?"

흠 있는 유일한 곳 (1)

어느 정치인이 화려한 대저택을 지었다.
자랑이 하고 싶어진 정치인은 지역 유권자들을 초대해 집안 여기저기를 구경시켜 줬다.
"어떻습니까?"하고 정치인이 흐뭇한 표정으로 묻자 한 유권자가 갑자기 그 정치인의 얼굴에 침을 탁 뱉었다.
"아니, 이게 무슨 짓이오!"하고 정치인이 크게 노(怒)하자 유권자가 말했다.
"집이 어찌나 흠 잡을 데 없이 깨끗한지 침 뱉을 곳이라곤 당신 얼굴뿐이군요."

흠 있는 유일한 곳 (2)

고대 그리스의 어느 재상이 화려한 대저택을 지었다. 자랑이 하고 싶어진 재상이 한 철학자를 초대해 집안 여기저기를 구경시켜주었다.
"어떻습니까?"하고 재상이 흐뭇한 표정으로 묻자 철학자가 갑자기 그 재상의 얼굴에 침을 탁 뱉었다.
"아니, 이게 무슨 짓이오!"하고 재상이 크게 노하자 철학자가 말했다.
"집이 어찌나 흠 잡을 데 없이 깨끗한 지 침 뱉을 곳이라곤 당신 얼굴뿐이군요."
(국민이 주는 녹을 먹는 공직자의 부정축재를 비난한 것)

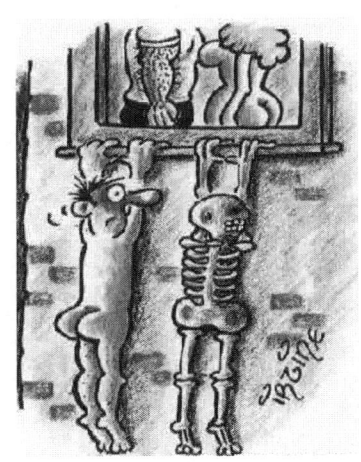

뇌물 먹은 정치인

옥황상제에게 승지가 보고했다.
"뇌물 먹고 죽은 정치인이, 자긴 도저히 지옥에 갈 수 없다고 옥황상제님께 면담을 요청했습니다."
옥황상제 왈, "그래? 데리고 와!"
뇌물 먹고 죽은 정치인이 대령하자, 옥황상제가 말했다.
"넌 살면서 착한 일을 한 기록이 없는데, 왜 그러니?"
"천만의 말씀! 저도 착한 일을 했습니다. 언젠가 길에 떨어진 500원짜리 동전을 주워 구걸하는 거지에게 적선했습니다!"
잠시 깊은 생각에 잠긴 옥황상제가 말했다.
"음, 맞아, 그랬네! 깜박했다. 얘! 500원 줘서 지옥 보내."

국회의원의 선행

염라대왕이 바쁘게 업무를 보고 있는데 바깥이 소란했다. 방금 잡혀 온 한 국회의원과 저승사자가 실랑이를 벌이고 있었다.
염라대왕 : 왜 이리 시끄러운고?
저승사자 : 이놈이 지은 죄가 많아 지옥에 보내려고 하는데 자기도 착한 일 한 가지 했으니 천당엘 가야 한다고 우기지 뭡니까.
염라대왕 : 그래 네가 어떤 착한 일을 했느냐?
국회의원 : 그게 말이죠, 제가 길을 가다 500원을 주웠거든요. 그래서 말이죠, 제가 그 500원을 거지에게 줬거든요.
말을 마친 국회의원은 기세등등하게 천당 갈 마음의 준비를 했다. 염라대왕은 시큰둥해하며 한마디 했다.
"야, 쟤 500원 줘서 지옥으로 보내."

선거철이면 나타나는 현상

1. 정치인들이 골프장이나 사우나가 아니라 길거리나 동네 시장에 있다.
2. 안보이던 다리가 갑자기 만들어지거나 포장 공사하는 도로가 곳곳에 생긴다.
3. 국회에서 멱살 잡던 여야 의원들이 초등학교 운동장에서 서로 헐뜯고 있다.
4. 정치에 관심도 없던 아줌마들이 유세장에서 노란봉투를 들고 다닌다.
5. 평소엔 잠잠하던 사람들이 전라도네, 경상도네 출신지역 따진다.

선거 전과 선거 후의 정치인

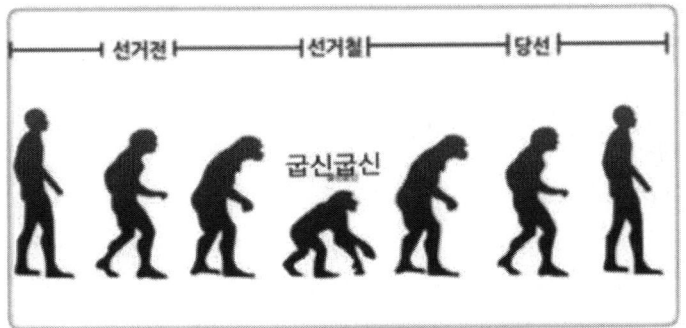

선거 전과 선거 후

▲선거 전

정치인 : 저는 여러분들이 어떤 생각을 가지고 있는지 잘 알고 있습니다. 제가 반드시 그렇게 만들도록 하겠습니다.

유권자 : 좋습니다. 찍어주죠. 그런데 우리가 당신을 지지한 것을 후회하는 일은 생기지 않겠죠?

정치인 : 그렇게 되지 않도록 노력할 것입니다.

유권자 : 우리를 존경합니까?

정치인 : 당연하죠. 마음 깊숙이 그런 생각을 품고 있습니다.

유권자 : 우리를 배신할 건가요?

정치인 : 뭐라구요? 도대체 왜 그런 걸 묻는 겁니까?

유권자 : 우리 목소리에 귀 기울여줄 건가요?

정치인 : 당연하죠. 지금도 그렇게 하고 있습니다.

유권자 : 우리에게 거짓말을 할 건가요?

정치인 : 미쳤습니까? 사람 보는 눈이 그렇게 없으세요.

유권자 : 당신을 믿어도 되나요?

정치인 : 네.

유권자 : 의원님!

▲선거 후 (거꾸로 읽어보세요)

선거철

벤치에 앉은 40대 두 사람.
한 사람이 말한다. "요즘 입후보자들은 돈이 없어 고생한다더라. 나는 A 후보에게 기부 좀 해야겠어. 같은 고향 사람인데…."
"당선되면 고맙다고 할까?"
"당선되면 잊어먹고, 떨어지면 고맙다고 할 거야. 거지들은 한 번 주면 고맙다고 하지만, 정치인들은 한 번 주면 자꾸 달라고 하는 법인데…."

장밋빛 미래

수업 시간을 앞둔 초등학교 교실에서 학생들이 시끄럽게 떠들며 서로 싸우고 있었다.
반장이 아이들에게 하는 말.
"야, 너희들 유치하게 국회의원 닮았냐? 싸우고 떠들게!" 그 소리를 들은 학생들은 머쓱한 표정으로 자리에 앉았다.
그 장면을 본 담임선생님 왈(曰).
"우리나라도 먼 장래에는 희망이 보이네."

"Hold these, I have to go back for my Wife"

국회의원의 성적표

국어(미) : 말하고 쓰고 읽는 것은 뛰어나나 듣기는 개판
수학(수) : 월급계산 잘하고 선거날짜에 상당히 민감
외국어(양) : 외국여행 잘 다니고 외제차는 좋아하지만 강대국 한테는 약한 모습
사회(가) : 사회봉사 및 참여도는 명절이나 연말뿐이고 사진만 잘 찍음
지리(수) : 어디든 골프치기 좋고 돈 되는 곳이면 잘 찾아다님
음악(양) : 음주가무에 능하나 명절 때 가끔 나와 부르는 노래 실력은 음치 수준
미술(수) : 동양화에 특히 뛰어나 국회에서도 고스톱 칠 정도
윤리(가) : 배신 잘하고 쌈질 잘하고, 욕먹을 짓만 함
한문(우) : 한자에 강해 공문서 한자병용을 할 정도지만 실력은 의문
체육(수) : 선거 때 밤낮을 안 가리고 만날 걸어 다니는 체력으로 일 좀 하길 바람

부류별 겁주기 대사

— 국회의원 : 내가 입 열면 여럿 다친다. 단식하겠다.
— 운동선수 : 밖에서는 오른팔 안 쓰려고 했는데.
— 동네 노인네 : 너 어느 집 자식이야.
— 학원 선생 : 집에 전화하겠다.
— 부모님 : 컴퓨터 없애버리겠다.
— 대통령 : 못해먹겠다!

정치인이 되기 위한 실전훈련

훈련1.
1. 주말 오후 가까운 놀이동산에 간다.
2. 엄마 아빠와 즐거운 표정으로 손에 아이스크림, 초콜릿, 과자를 들고 가는 아이들을 찾는다.
3. 발견 즉시 뛰어가 손에 들고 있는 것을 잽싸게 뺏어 먹는다.
4. 명 쩌하는 아이의 엄마 아빠에게 십원짜리 한 개를 주고 인사를 한 뒤 튄다.

목적 : 힘없는 국민을 죄책감 없이 농락할 수 있는 냉철함과 자신의 죄를 돈 몇 푼으로 해결하려드는 정치인들의 속성을 키워준다.

응용 : 동네 유치원 앞에서 아이들 뻥도 뜯어본다.

훈련 2.
1. 엄마, 아빠에게 참고서 사야한다고 만원씩 탄다.
2. 아빠에게 참고서 사야한다고 만원 탄다.
3. 직장을 가진 형, 누나, 기타 등등에게 같은 명목으로 만원씩 탄다.
4. 며칠 지나 다른 참고서를 또 사야한다고 1번부터 3번까지를 되풀이 한다.
5. 나중에 안 걸리면 모인 돈으로 학교 짱에게 한턱 쏘고,
6. 걸리면 다 쓰고 2900원 남았다고 우긴다.

 경찰과 유머

목적 : 정치의 기본인 검은돈에 관한 지식과 배째라 정신을 습득한다.

부록. 서울 시장이 되기 위한 특별 훈련
1. 주말 오후 하루 종일 낮잠을 잔다.
2. 새벽 서 너 시쯤 일어나 편한 트레이닝복차림으로 밖에 나간다.
3. 동네를 한 바퀴 돌며 버스표지판, 택시표지판, 거리표지판 등등 눈에 띄는 표지판이란 표지판은 모조리 떼어낸다.
4. 다음날 우왕좌왕하는 사람들을 보며 회심의 미소를 띤다.
5. 떼어낸 표지판들은 동네 교회에 헌납한다.

Moses' first and last day as a lifeguard.

 경찰과 유머

국회의원과 코털의 공통점

1. 뽑을 때 잘 뽑아야 한다.
2. 잘못 뽑으면 후유증이 오래 간다.
3. 지저분하다
4. 좁은 공간에서 많이 뭉쳐 산다.
5. 안에 짱박혀 있는 것이 안전하다.
6. 더러운 것을 파다 보면 따라 나올 때도 있다.
7. 한 넘을 잡았는데 여러 넘이 딸려서 나오는 경우도 종종 있다.

정치인과 바퀴벌레의 공통점

1. 백해무익하다.
2. 음침한 곳을 좋아한다.
3. 생각만 해도 소름이 돋는다.
4. 떼로 몰려다닌다.

정치인과 두꺼비의 공통점

1. 얼굴이 두껍다.
2. 자기들끼리 엎치락뒤치락하며 싸움질을 잘한다.
3. 가끔 치매기가 보인다.
4. 생긴 대로 꼴값한다.

정치인과 ×개의 공통점

1. 그만 짖으라고 해도 계속 짖는다.
2. 이웃집 개가 짖으면 같이 짖는다.
3. 땅에 떨어진 것은 ×이라도 먹고 본다.
4. 먹을 것 들고 있는 사람한테는 무조건 꼬리부터 흔든다.

 경찰과 유머

정치인과 청개구리의 공통점

1. 무조건 상대와는 반대로 한다.
2. 부모 말을 듣지 않는다(대표의 말이 먹히지 않는다).
3. 물 없이는 못 산다(돈 안 쓰면 당선이 어렵다).
4. 소 잃고 외양간 고치기를 잘한다.

정치인과 무좀의 공통점

1. 고약한 냄새가 난다.
2. 내성이 강하다.
3. 완치가 어렵다.
4. 전염될까 마누라도 피한다.

정치인과 개의 공통점은?

1. 한번 미치면 약도 없다.
2. 제철에는 돈 주고도 못 산다.
3. 절대 자기 먹을 것은 남한테 안 빼앗긴다.
4. 앞뒤 안 가리고 마구 덤비다가 힘이 달리면 꼬랑지 내리고 슬며시 사라진다.
5. 매도 그때뿐, 곧 옛날 버릇 못 버리고 설친다.
6. 족보가 있지만 믿을 수 없다.
7. 자기 밥그릇만 챙긴다. 남과 나눠 먹을 줄을 전혀 모른다.
8. 순종보다는 잡종이 많다.
9. 어떻게 말해도 다 개소리다.
10. 밥만 주면 아무나 주인이다.

 경찰과 유머

담배와 정치의 공통점

1. 끊기가 어렵다.
2. 가슴이 아프다.
3. 19세 미만은 다가가기에 애로사항이 많다.
4. 하는 사람만 한다. 누구에게나 피해를 입힌다.
5. 욕을 많이 먹는다.
6. 술자리에서 항상 입에 오르내린다.

정치인과 개의 공통점!

1. 가끔 주인도 몰라보고 짖거나 덤빌 때가 있다.
2. 먹을 것을 주면 아무나 좋아한다.
3. 어떻게 짖어도 개소리다.
4. 자기 밥그릇은 절대로 뺏기지 않는 습성이 있다.
5. 매도 그 때뿐 옛날 버릇 못 고친다.
6. 미치면 약도 없다.

국회의원과 파리의 공통점

1. 늘 국민과 함께한다.
2. 늘 앵앵거린다.
3. 밥그릇 주변을 맴돈다.
4. TV 화면에 붙어 있기를 좋아한다.
5. 신문에 맞아 죽는다.
6. 구린 곳에는 늘 붙어 있다.

 경찰과 유머

골프와 정치의 공통점

남의 돈으로 즐기는 사람 많다.
좌파와 우파가 있으나, 중도가 환영받는다.
일이 잘되면 자기 이름 박힌 물건을 만들어 나눠준다.
가방을 들어 주는 사람과 같이 다닌다.
마음을 비우면 결과가 좋다.
영원한 적도 없고, 영원한 아군도 없다(홀매치 = 정치).
어둡고 은밀한 곳에서는 딴생각을 한다(오비지역에서 알까기).
상대방의 불행이 나의 행복이 되기도 한다.
뻥이 심해진다. 술수로 이기려 하는 자가 있다. 매너가 중요하다.
한번 빠지면 헤어나기 어렵다. 어깨에 힘 들어가면 끝장이다.
어리석은 자는 한방을 노린다. 혼자서는 방향을 못잡는다(캐디, 보좌관).
양심을 지키기 어렵다.
초보일수록 남을 가르치려 한다.
돈이 있어야 할 수 있다.
잘나갈 때 조심해야 된다.
맛을 들이면 끊기가 어렵다.
핑계가 무궁무진하게 많다.

매표 의혹

부정선거 의혹과 관련된 조사를 받기 위해 농부가 연행됐다.
"당신 표를 팔았지요?"하고 검사가 물었다.
"천만에요. 난 그 사람이 마음에 들었기 때문에 찍어줬을 뿐이라고요"라고 농부는 항변했다.
"그 사람으로부터 100만 원을 받았다는 확실한 증거가 있어요!" 검사가 말했다.
"글쎄올시다." 농부는 잠시 생각하다가 당당하게 말했다.
"누군가 나에게 100만 원을 준다면 그 사람이 마음에 드는 게 뻔한 이치가 아닌가요?"

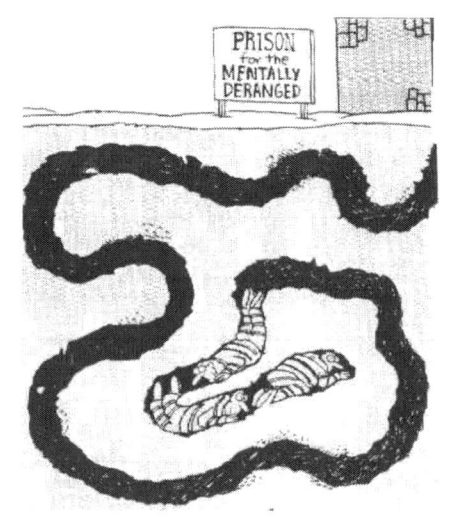

국회의사당

한 노신사가 매일 점심시간이면 국회의사당에 있는 식당에서 식사를 했다. 식당 주인은 한 달이 넘도록 하루도 빠짐없이 찾아오는 노신사가 궁금해졌다.
"우리 식당 음식이 그렇게 좋으신가요?"
식당 주인의 질문에 노신사는 차갑게 대꾸했다. "아니오!"
그러자 식당 주인이 다시 물었다. "그렇다면 손님께서는 국회 의사당을 매우 좋아하시는군요?"
노신사는 더욱 차가운 목소리로 대답했다. "나는 국회의사당을 아주 싫어하오!"
식당 주인은 더욱 궁금한 표정으로 "그런데, 왜?"라고 물었다.
노신사는 차분히 대꾸했다. "서울에서 국회의사당이 보이지 않는 식당은 여기뿐이라서 그렇소!"

정치 입문 전 알아야 할 10가지

1. 우리가 받은 돈은 정치자금 - 상대가 받은 돈은 불법자금
2. 우리가 거리로 나가면 장외투쟁 - 상대가 거리로 나가면 정치실종
3. 우리가 의혹을 제기하면 비리폭로 - 상대가 의혹을 제기하면 정치공작
4. 우리가 국회의원 영입하면 정계개편 - 상대가 국회의원 영입하면 정치파괴
5. 우리에게 유리한 반란표는 정치소신 - 상대에게 유리한 반란표는 정치배신
6. 우리에게 유리한 표결은 민주원칙 - 상대에게 유리한 표결은 다수횡포
7. 우리에게 유리한 검찰수사는 공정수사 - 상대에게 유리한 검찰수사는 편파수사
8. 우리에게 유리한 예산은 민생용 - 상대에게 유리한 예산은 선거용
9. 우리에게 유리한 보도는 공정보도 - 상대에게 유리한 보도는 왜곡보도
10. 우리가 선거에 이기면 공명선거 - 상대가 선거에 이기면 불법선거

작은 정치

어느 지방의회 회의에서 의원들이 공동묘지에 담을 치는 문제를 가지고 난상토론이 벌어졌다.
회의 분위기는 대체로 담을 치자는 쪽으로 쏠리고 있었는데 한 사람이 일어나더니 말했다.
"공동묘지 바깥에 있는 사람들은 안으로 들어가고 싶은 마음이 없는 게 분명하고,
그 안에 있는 사람들은 나올 수가 없는 거 아닙니까. 그런데 대관절 어째서 담이 필요하다는 겁니까?"
결국 그 동의안은 기각되었다.

정치인 같은 게

한 무리의 정치인이 바닷가를 거닐고 있었다. 그들은 뭔가 심각한 이야기를 하고 있었다. 정적을 제거할 계략을 짜고 있었던 것이다. 그때 그들은 게를 잡고 있는 어부를 만났다. 어부는 게를 잡아서 바구니에 넣고 있었다. 그런데 바구니에는 뚜껑이 없었다. 한 정치인이 어부에게 물었다.
"바구니에 뚜껑이 없군요. 그러면 게들이 다 도망칠 텐데요."
그러자 어부는 태연하게 말했다.
"아무 염려 없습니다. 이 게들은 정치인들과 비슷한 놈들이라서 한 마리가 기어오르면 다른 놈들이 곧 끌어내립니다. 다른 놈들이 올라가는 꼴을 보지 못하거든요."

 경찰과 유머

오늘의 난센스 퀴즈 (1)

- 국회의사당의 반대말은
  '국회환자당'

- 국회의원 선거의 반대말은
  '국회의원 앉은 거'

오늘의 난센스 퀴즈 (2)

문제 : 국회의원이 한식, 일식, 양식보다 중국식을 좋아하는
       이유는?
정답 : 3선이 있어서
(힌트 : ○○우동, ○○짬뽕, ○○짜장 때문, 세 번 하면 ○○ 의원)

한국인의 성장 과정 - 정치인에 관해서

유치원 : 나라를 올바르게 이끄는 분들.
초등학교 : 좋겠다. 맨날 쌈박질이나 하고 소리만 지르는데 돈 많이 받고….
중·고등학교 : 쓸모없는 인간들. 그건 교육제도만 봐도 알잖아.

"You'll have to wait for the meaning of life. After I look at this porn site, I'm going to rub one off."

멋진 반격

수의사 출신인 정치 초년생이 국회의원 선거에 출마했다.
경쟁 상대는 3선의 현역의원이었다.
합동 유세장에서 수의사 출신 후보가 막 연설을 마치고 물러나려 할 때, 상대 후보가 사람들 앞에서 그의 어깨를 툭 치며 말했다.
"당신, 수의사 출신이지? 짐승들 병이나 고치지 무슨 정치를 한다고 여길 왔어?"
상대 후보의 예상치 못한 돌출 행동이었다.
청중은 흥미진진하게 정치 초년생의 반응을 기다렸다.
그러자 수의사 출신 후보가 침착한 어조로 이렇게 말했다.
"왜요, 어디 아프세요?"

장관과 국회의원

영국의 수의사(獸醫師) 출신 어느 장관이 의회에서 국민보건을 주제로 연설을 했습니다.
그때 한 의원이 벌떡 일어나 고함을 질렀습니다.
벌떡 일어난 의원 : 수의사 출신인 장관이 사람의 건강에 대해 얼마나 안다고, 그렇게 아는 척 하는 거요?
연설을 하던 장관 : 네. 저는 수의사입니다. 혹시 어디가 편찮으시면 아무 때나 찾아오십시오.

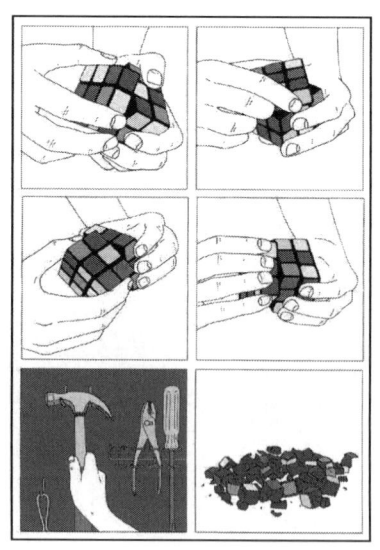

정치인의 개

개를 자신의 분신이라고 생각하는 남자 3명이 서로 자기 개의 재주를 자랑하고 있었다.

첫 번째 수학 교수가 개에게 재주를 보여주라고 말했다.
주인의 말이 떨어지기 무섭게 개가 종이 위에 동그라미, 삼각형, 사각형 등의 모형들을 그리자 나머지 사람 모두가 똑똑한 개라고 칭찬했다.

두 번째로 회계사가 직업인 사람이 말했다. "장부야! 너도 한 번 보여 주렴?"
그러자 그의 개가 부엌에서 케이크 하나를 가져 오더니 한 치의 오차도 없이 4등분한 케이크를 사람들에게 나눠주는 것이었다.

마지막으로 정치인이 그의 개에게 무덤덤한 표정으로 명령을 내렸다.
말이 떨어지자마자 개는 벌떡 일어서더니 케이크를 다 먹어버리고, 종이 위에 변을 본 후, 다른 개들을 겁탈하고는 그 과정에서 머리를 삐끗했다고 보상금을 요구했다.

정치인과 개 이야기

한 지자체 단체장이 당선 직후 좀 뻐기고 싶어 진돗개를 데리고 공원으로 산책을 나갔다.

그런데 어떤 사람이 자기에게 인사는 하지 않고 혼잣말처럼 "멀쩡한 것 같은데 형편없는 똥개를 데리고 다니네."라며 지나갔다.

화가 난 당선자가 "여보 슈! 이래 바도 이 개가 진돗개 순종이오. 똥개라니 말조심하시오"라고 하자,

그 사람이 대답했다.

"당신 보고 한 말이 아니요. 나는 그 개보고 말했소."

 경찰과 유머

선거 이후

"우리 삼촌이 이번에 출마했었어."
"그랬어? 그래서 지금 뭘 하시나?"
"아무것도 안 해. 당선됐으니까."

국회의원을 일반인과 구별하는 법

정치인, 특히 국회의원을 일반인과 구별하는 법은 상갓집에 가면 바로 알 수 있다.
국회의원은 악수를 하면서도 상대와 눈을 마주치지 않는다.
왜?
다른 누가 와있는지 훑느라 바빠서다.
그래야 눈도장을 많이 찍을 수 있다.
손은 당신을 잡고 있지만, 눈은 다른 곳을 보며, 당신과 악수가 끝나기도 전에 다른 상대를 찾아 손을 내미는 사람.
틀림없이 국회의원이다.

출마의 변

선거에 출마한 한 후보자에게 유권자가 물었습니다.
"당신이 국회의원에 출마하는 가장 큰 이유가 뭐요?"
"실업자 문제를 해결하기 위해서죠!"
"도대체 어떻게 실업자 문제를 해결한다는 말이오?"
그러자 그 후보자 싱긋 웃더니,
"댁이 저한테 한 표 찍어준다면 전 실업자 신세를 면하게 되잖아요!"

마누라와 국회의원

- 마누라가 국회의원보다 나은 점?
  밥은 해 준다.
- 국회의원이 마누라보다 나은 점?
  4년마다 갈아치울 수 있다.

국회의원과 마누라의 공통점 (1)

- 9시 이전에 집에 들어가기 싫게 만든다.
 (9시 전에 들어가면 마누라 잔소리하고, 9시 뉴스에 국회의원 나오니까)

국회의원과 마누라의 공통점 (2)

어느 남자가 국회의원이 TV에 나오는 것을 보다가 마누라와의 공통점을 찾았고 이를 인터넷에 글로 올렸다.
1. 자기는 할 일이 너무 많아서 바빠 죽겠다고 하는데, 내가 보기에는 매일 노는 것 같다.
2. 무슨 돈 쓸 일이 그렇게 많은지 돈이 부족하다는 소리뿐이다.
3. 내가 원해서 된 사람이지만 시간이 지날수록 영 마음에 들지 않는다.
4. 내가 자기를 좋아하는 줄 안다.
5. 자기가 하고 싶어서 했으면서 꼭 내 핑계를 댄다.

대학수학능력시험

대통령 집무실로 찾아온 교육부 장관이 눈치를 실실 보다가 조심스럽게 말을 꺼낸다.
"대학수학능력시험 때문에 국민들, 특히 학부모들이 말이 많습니다."
"그 시험 학생들이 전부 다 보는 거요?"
"예, 그렇습니다."
"아이고, 대학생들이 전공 공부하기도 바쁜데 수학시험 공부까지 하려니까 당연히 말이 많지."
"그게 아니고요, 그 시험은 대학생들이 보는 게 아니라 대입을 앞둔 수험생들이 보는 겁니다."
그 말에 화를 벌컥 내며 먹통 대통령이 하는 말.
"뭐요? 고등학생에게 대학 수학을 시험 치게 해? 이보시오 장관! 앞으로는 고등학생들에게는 고등 수학만 시험 보도록 하세요. 그렇게 수학 공부만 시키니 너나 할 것 없이 돈계산만 하지 않습니까!"

우리나라 5대 거짓말

1. 노처녀 : 나 시집 안 가.
2. 노인 : 이젠 죽어야지.
3. 국회의원 : 이번엔 깨끗한 정치.
4. 공무원 : 인력이 부족해서.
5. 정부 : 예산이 부족해서.

가련한 인생

달려드는 모기를 막으려고 뿌린 모기약에 죽은 파리는 가련하다.
멀쩡한 사람 다 피했는데 술 취한 사람한테 밟혀 죽은 바퀴벌레도 가련하다.
겨우 잠들었는데 수면제 먹을 시간이라고 깨워서 일어난 환자도, 소화제 먹고 체해서 숨진 환자도 가련하다.
그리고 10억 원 들여 금배지 달고 1억 원 뇌물 받았다가 구속된 국회의원은 더욱 가련하다.

분배 방식

목사와 자선사업가와 정치가가 한자리에 모여 복권에 당첨되면 그 돈을 어떻게 할 것인가에 대해 의견을 나누었다. 목사가 말했다.

"땅 위에 직선을 긋고 돈뭉치를 공중으로 던져 한쪽에 떨어지는 것은 선교활동을 지원하고, 다른 한쪽에 떨어지는 것은 교회를 짓는 데 쓰겠습니다."

그러자 자선사업가가 말했다.

"땅 위에 직선 대신 동그라미를 그리고 돈뭉치를 던져 그 안에 떨어지는 것은 불우한 이웃을 돕는 데 쓰고 나머지는 내 몫으로 하겠습니다."

이번엔 정치가에게 물었다.

"두 분의 방법과 별반 다를 게 없습니다. 나는 공중의 어느 높이만큼을 설정하고 돈뭉치를 위로 던져서 그 위에 머물러 있는 것은 국가의 몫으로, 떨어진 것은 내 몫으로 하겠습니다."

총선에서 낙선한 어느 국회의원 후보

국회의원이 되려고 몇 번이나 노력했지만 번번이 실패만 거듭하던 정치인이 있었다.
이번 총선에서도 아깝게 낙선하자 그 후보는 당 대표를 찾아가 자신의 신세를 한탄했다.
"대표님, 저는 돈이 없어서 낙선했습니다. 결국 돈이 문제입니다. 돈만 많았다면 당연히 제가 당선됐을 텐데요. 역시 국회의원이 되려면 어느 정도 돈이 있어야 합니다."
낙선자의 하소연을 듣고 있던 당 대표가 말했다.
"그래서 '바이 더 피플' 아닌가."
그러자 낙선자가 다시 물었다.
"아~ 링컨이 말한 그 '바이 더 피플(by the people)'말입니까?"
당 대표가 고개를 저었다.
"아니, '바이 더 피플(buy the people)'말일세."

정치인과 어린아이의 공통점

1. 토실토실하게 살이 올랐다.
2. 하는 일 없이 먹고 자고 논다.
3. 싸움을 잘한다.
4. 주변을 어지럽힌다.
5. 소리만 지르면 다 되는 줄 안다.

국회의원과 예비군의 공통점

1. 우선, 앞자리에 앉지 않는다.
2. 자리에 앉으면 자주 존다.
3. 명분과 실제가 다르다.

  즉, 예비군은 군인이기는 한데 군인 같지 않고 더구나 딴 짓만 한다. 국민을 위한다는 국회의원은 국민보다 자기 실속이 우선이다.

 경찰과 유머

정치인 장례식

어느 정치인이 죽어서 장례식 날이 됐다.
장의사가 관에 시체를 넣으려는데 오른팔이 뻣뻣하게 굳어 관 속에 넣을 수가 없었다.
고민하던 장의사는 그 동네에서 가장 나이가 많은 노인을 찾아가서 방법을 물었다.
그러자 노인이 장의사에게 물었다.
"죽은 사람의 직업이 뭐였지요?"
"예, 정치인이었습니다."
"오, 그래요? 그럼 간단합니다. 5만원권 지폐 한 다발을 시체의 손에 쥐여 주세요. 그러면 내민 팔을 잽싸게 안으로 집어넣을 겁니다."

정치꾼의 법칙

공약은 많이 하는데 지키는 공약은 적고, 여론을 최대한 수렴은 하는데 결정은 제 맘대로 한다.
동료는 있지만 친구는 없고, 항상 남의 약점만 정치적으로 이용한다.
웃기지도 않는 유머를 하는데 그 행태가 더 우습다.
대머리가 많은 이유는 나쁜 머리를 잘 굴리기 때문이다. 국민을 위하는 척하지만 사실은 자기만을 위하고, 정치를 하는 주 목적은 국민을 위함이 아니라 국민의 세금을 이용함이다.

국회의원의 초상화

국회의원이 유명 화가에게 초상화를 주문했다. 완성된 초상화를 본 국회의원은 자신과 닮지 않았다며 약속한 그림값 300만 원을 지불하지 않았다.
화가는 "이 그림이 의원님과 닮지 않았다는 것에 동의한다는 서명을 해주세요."
얼마 후 미술관을 찾은 국회의원은 한 그림을 보고 깜짝 놀랐다.
바로 그 초상화가 '어느 도둑놈의 초상'이라는 제목으로 입구에 걸려 있는 것이 아닌가.
국회의원은 그 그림을 1억 원을 주고 구매해 급히 사라졌다.

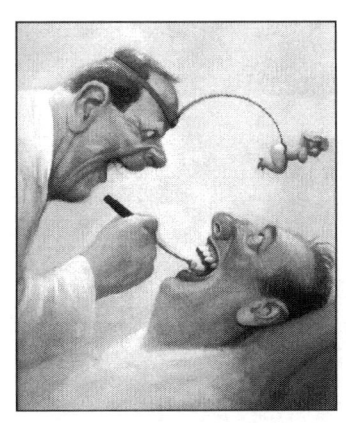

존재하지 않는 국회의원

한 정치인이 주민의 딱한 사정을 듣고 생활비 일부를 지원해 주기로 했다. 얼마 뒤 그 주민이 국회의원을 찾아와 말했다.
"제가 의원님에 대해서 주위 사람들에게 얘기를 했답니다."
그러자 국회의원이 말했다.
"그러세요? 혹시 제 도움이 필요하면 언제든지 절 찾아오시라고 제 명함 좀 나눠 주지 그러셨어요."
그러자 그 여자가 대꾸했다.
"저도 그렇게 하려고 했죠. 그런데 아무도 명함을 받지 않으려 하는 거 있죠!"
"아니 왜요?"
"글쎄 의원님 같은 분이 존재한다는 것을 아무도 믿지 뭡니까."

 경찰과 유머

국회의원 특권

이 세상에서 잘 먹고 잘 살다가 갑자기 교통사고를 당해 저승으로 간 사람이 있었다.
하나님이 그자에게 물었다.
"너는 어디서 뭘 하다가 왔느냐?"
그가 말했다.
"저는 한국에서 국회의원을 하다 왔습니다."
하나님이 "그래 그만큼 누렸으면 빨리 잘 왔구나!"라고 했다.
그러자 그가 하나님께 애절히 간청했다.
"하나님 저는 정말 억울합니다. 아무 잘못도 없는데 차가 와서 박았습니다. 그러니 제발 다시 보내주십시오."
듣고 있던 하나님이 말했다.
"아무 잘못이 없는 게 아니지. 네가 법을 잘못 만들지 않았느냐. 한국에선 국회의원이 제멋대로 입법한다고 들었다."
그리고 덧붙였다.
"이 사람아, 한국의 국회의원이라면 그렇게 좋은 것을 네게 주느니 내가 가서 하고 싶다."

대통령의 오른팔

청와대 비서관 하나가 자기는 대통령의 오른팔이라고 동네방네 떠벌리며 소문을 내고 다녔다. 이에 심기가 불편한 대통령이 그 비서관을 불렀다.
"듣자 하니 요즘 내 오른팔이라고 떠들고 다닌다는데 참말인가?"
"죄송합니다."
"아니야, 죄송할 게 뭐 있는가. 너는 누가 뭐래도 내 오른팔이다."
"각하, 감사합니다."
"그런데, 자네 혹시 내가 왼손잡이라는 거 아는가?"

처칠과 유머

▲ 의회에 참석했던 윈스턴 처칠(Winston Churchill)이 급한 볼일로 화장실에 갔습니다.
마침 걸핏하면 그를 물고 늘어지는 노동당 당수가 먼저 와서 일을 보고 있었습니다.
처칠은 그를 피해 멀찌감치 떨어진 곳에 섰습니다.
노동당 당수가 물었습니다.
"총리, 왜 날 그렇게 피하시오?"
처칠은 대꾸했습니다.
"당신네들은 큰 것만 보면 무조건 국유화해야 한다고 하잖소."

▲ 정계에서 은퇴한 후 여유로운 노년을 보내던 처칠이 어느 날 파티에 참석했습니다.
한 부인이 반갑게 맞이하면서 짓궂은 질문을 던졌습니다.
"총리님, 남대문이 열렸어요! 어떻게 해결하실 거죠?"
처칠은 짐짓 아무 것도 아니라는 듯 이렇게 대답했습니다.
"굳이 해결하지 않아도 별 문제 없을 겁니다. 이미 죽은 새는 새장 문이 열렸다고 밖으로 나오지는 않으니까요."

뇌물은 안돼

한 기업인이 정치인에게 자동차를 선물했다.
그러자 정치인이 "자동차는 뇌물이라 받을 수 없습니다."하고 거절했다.

기업인은 잠시 생각하더니 미소 지으며 말했다.
"정 그렇다면 돈을 내고 사시면 될 게 아닙니까? 십만 원만 내시지요."
그러자 정치인이 웃으며 말했다.
"그렇다면 두 대 삽시다."라고 했다나........

 경찰과 유머

대통령 고스톱

1. 박정희식 고스톱—1등에게 최고의 혜택을 주는 고스톱으로, 1등 마음대로 규칙을 정할 수 있다. 5점부터는 10점으로 치는 '사사오입'이라는 법칙도 만들었다.
2. 최규하식 고스톱—아무리 좋은 패가 있어도 죽어버리는 사람을 말한다.
3. 전두환식 고스톱—패가 안 좋아도 힘으로 치는 경우를 말한다. 특히 판이 클 경우를 뜻한다.
4. 노태우식 고스톱—패가 좋든 나쁘든 아무 생각없이 치는 경우다.
5. 김영삼식 고스톱—자기가 나쁜 패이면 다 같이 패가망신하는 경우다. 광이건 고도리건 막 내주는 이른바 물귀신 고스톱이라고도 한다.
6. 김대중식 고스톱—나쁜 패라도 무조건 갖고 있다. 나중에 그 패로 망할 수도 있다.
7. 노무현식 고스톱—상대편에서 맞고가 나왔을 경우 '맞습니다, 맞고요'라고 외친다.

 경찰과 유머

한국인의 성장 과정

1. 국가관

유치원 : 국가란 참 고마운 거구나. 사람들이 살기 좋게 보호해 주니까.

초등학교 : 국가? 별로 관심 없으…….

중·고등학교 : 이민보내줘. ㅠㅠ. (교육제도의 피해자)

성인 : 조국이 내게 해준 게 뭐 있다고, 세금은 이렇게 꼬박꼬박 걷어 가노~~~!!!

2. 친구관

유치원 : 따지지 않고 같이 놀면 다 친구

초등학교 : 동성 친구, 이성 친구로 분류.

중·고등학교 : 재수 있는 놈, 재수 없는 놈으로 분류.

성인 : 돈 빌려 주는 놈, 돈 안 빌려 주는 놈으로 분류.

3. 정치인에 관해서

유치원 : 나라를 올바르게 이끄는 분들.

초등학교 : 좋겠다. 맨날 쌈박질이나 하고 소리만 지르는데 돈 많이 받고…….

중·고등학교 : 쓸모없는 인간들. 그건 교육제도만 봐도 알잖아.

 경찰과 유머

아빠가 보는 정치가의 자질

엄마 : 당신은 어째서 우리 아이가 장차 정계(政界)에 진출할
        거라고 생각하는 거죠?
아빠 : 그 녀석은 다른 어떤 아이보다 듣기엔 그럴 듯하지만
        아무 의미도 없는 말을 잘 하거든.

좋아하는 단어

어느 날, 하나님이 지구를 방문해 종교인부터 기업가, 연예인, 백수, 정치인 이렇게 다섯 명에게 각각 '가장 좋아하는 단어가 무엇이냐.'고 물었다.

그러자 차례로 종교인은 '믿음'이라고 대답했고,
기업가는 '이윤'이라고 대답했고,
연예인은 '인기'라고 대답했고,
백수는 '직장'이라고 대답했다.
마지막으로 정치인은 '비자금'이라고 대답했다.

엮은이 소개

이철호
남부대학교 경찰행정학과 교수
(헌법, 인권법, 경찰법)

　동국대학교 법과대학을 졸업하고 동 대학원에서 법학박사학위를 취득했다. 모교인 동국대학교를 비롯하여 덕성여자대학교, 평택대학교 등 여러 대학에서 헌법, 비교헌법론, 법학개론, 경찰행정법 등을 강의 했으며, 현재는 광주광역시(光州廣域市)에 소재하고 있는 남부대학교 경찰행정학과에서 헌법, 경찰과 인권, 경찰특별법규 등을 가르치고 있다.
　이철호는 역사에 토대를 둔 학문을 하고자 하며, "과거 청산에는 시효나 기한이 있을 수 없다"라는 신념으로 군사독재 정권의 왜곡된 법리 문제를 논구(論究)하고자 애쓰고 있다.
　학교 안에서는 학과장, 입학홍보실장, 생활관장, 경찰법률연구소 소장으로 봉사하였고, 학교 밖에서는 중앙선거관리위원회 자문교수, 개인정보분쟁조정위원회 전문위원, 광주지방경찰청 징계위원, 경찰청 치안정책 평가위원, 경찰청 과학수사센터 자문교수, 광주 광산경찰서 집회시위자문위원회 위원장, (사)한국투명성기구 정책위원 등으로 활동하고 있다.
　그 동안 발표한 논문으로는 성범죄의 재범 방지 제도와 경찰의 성범죄 전력자 관리, 전·의경의 손해배상청구권 제한의 문제점과 해결방안, 국회 날치기 통과사와 국회폭력방지방안, 한국의 기업인 범죄와 법집행의 문제, 존속살해 범죄와 존속살해죄 가중처벌의 위헌성 검토, 선거관리위원회의 위상과 과제, 헌법상 종교의 자유와 종교문

제의 검토, 헌법상 인간의 존엄과 성전환의 문제, 친일인사 서훈 취소 소송에 관한 관견(管見), The Story of the "Order of Merit Party" and the Cancellation of Awards Issued to Chun Doo-Hwan's New Military 등 다수 논문이 있고, 〈헌법강의〉(공저), 〈헌법입문〉, 〈경찰행정법〉, 〈경찰과 인권〉, 〈의료관계법규〉, 〈법학입문〉(공저), 〈법은 어떻게 독재의 도구가 되었나〉(공저), 〈동국의 법학자〉, 〈헌법과 인권〉, 〈법과 생활〉 등의 저서가 있다.